哲學要義

叶秀山自署

THE ESSENCE
of
PHILOSOPHY

叶秀山 著

哲学要义

·附北大课堂DVD·

北京联合出版公司
Beijing United Publishing Co.,Ltd.

《大学入门丛书》
编辑旨意

大学之道,今非昔比。人类的精神已经三历变迁。上古以来,以物理学为基本,研究事物的本性,追求真理,将人的宗旨,归为独一无二的善。学问通往于至善,固执于本质,直到达尔文进化论出现。今天我们了解,此说虽然不能解释生物进化,但是其所揭示的方法已经成为人类理解的普遍精神。由达尔文思路带来了社会科学的新视角,以人口学为基本,人的存在,社会构成,以及信仰与观念、习俗与行为,其中并无一定而规的理由。差异于种群中出现,变化在遭遇里发生,众生平等,因果繁复,本体难于定论。而如何算计社会现象的变更作用并加以调节,如何观测群体种族之间的差别并做出解释,人的认识又在这些差异和变更中如何发生、演变、成就和相互冲突,皆成为学问的中心。然而到了20世纪70年代,对现代化的反思使人类对理性和语言本身的权力产生警惕和怀疑。话语可能就是暴力,天理迫灭人欲,也拆解和异化人的本身的完整。而现代性的强制和规范,正以统治全球的方式抹煞着文化的差异,忽视个人内在的柔软而脆弱的隐私。以艺术学为基本,揭示个人是独一无二的文化存在,诗的栖居,画的变现,解读一个文本,因人而异;观看一件作品,每次不同;而每个人的知识结构、体认方法、性情秉赋又会随着他的命运和际遇不断变化。学问在作品评论中展示了对真实的独立透悟,在艺术体验时突显出人的独孤的本质和自由的本性。而经济制度、文化都是人的问题,在与个人的关系中具有一一对应、不可重复的艺术学关系。

从物理学到人口学再到艺术学的精神变迁,并不是一一兴替,而是从单一到并列,再到三种同在。精神丰富的同时,认识的方法变得复杂;选择多元之后,学问的信心受到质疑和考验。更何况知识由于互联网的便利,对于每一个人来说,已经多到完全可以遮蔽学习能力和覆盖理解水平的程度,知识成为人类异己的力量。所以,无论是对一位学者,还是对一位学生,在大学之道上,要想洞察宇宙,了悟人生,必须重思门径,梳理思路,概览方法,举一反三,从一个具体的学科入门。这就是大学入门丛书编辑的形势和任务。

大学入门丛书按学科分类,依照目前大学学科的通行的基本分类方法,有自然科学、人文科学、社会科学、文学艺术四类。数学和哲学本来应该别归其类,为简便计,将数学挂在以其为基础的自然科学一类,虽然社会科学用到的数学日益增多。哲学原本在一切分类之上,但是关于哲学历史的学问,讨论哲学观念演变的科目已将哲学学科习惯性地带入了人文学科之中,吾从众。

大学入门丛书约请的作者,一定是在本领域中的专家,并且同时又是对学科整体相当关心的学者。借重他们,把一个专业或其中的一个问题讲述给初学者和非本专业的读者,尽量少用专业性强的术语。每一部书基本上在12—18万字、12—18个章节之间,力图满足三个基本的期待,既让读者了解本专业或者本题目的基础知识框架,又让读者了解此种学术的主要思路和方法,还让读者借助启示,动用参考文献和附录,可以进一步觅得深入学习的途径。

大学之道,古今又是殊途而一致,接引在于入门。虽不敢妄称此丛书可以通达大学之道,然而不肯失责之心,天地可鉴。

目 录

《大学入门丛书》编辑旨意 …………………………………………… 1
前 言 ………………………………………………………………… 1

第一讲 哲学的危机与哲学的权利 ………………………………… 1
一、哲学的危机与哲学的可能 1
二、哲学的三大权利 6
三、"自由"与"真理":存在论与知识论的统一 10
参考书目 12

第二讲 哲学的道路与学习哲学的最佳途径 …………………… 13
一、条条道路通哲学 13
二、上升的路和下降的路 14
三、哲学基本功:"听"、"说"、"读"、"写" 19
参考书目 23

第三讲 如何理解"哲学"? …………………………………………… 24
一、哲学何以是一门科学? 24
二、哲学讲是非,更讲深浅 25
三、何谓"真正的思想"? 28
四、何谓"哲学的现实性"? 31
参考书目 35

第四讲 形而上学与哲学 ………………………………………… 36
一、形而上学:词源与翻译 36

1

二、形而上学与辩证法 38
三、"形而上学"的超越性:哲学学科存在的根据 40
四、形而上学问题"真""假"之辩 42
五、形而上学问题的理解路径:"原始反终" 44
六、形而上学的三大分支 47
参考书目 48

第五讲 何谓"存在"?——传统存在论(上) 49
一、存在论的基础:"只有存在可知" 49
二、作为"实体"的存在 54
三、作为"主体"的存在 57
参考书目 60

第六讲 如何"存在"?——传统存在论(下) 61
一、柏拉图的理念论与亚里士多德的实在论 61
二、中世纪的唯实论与唯名论 64
三、思维与存在的同一性:从巴门尼德到笛卡儿 65
四、思维与存在的二元论:康德 67
参考书目 69

第七讲 传统存在论向现代存在论过渡 70
一、"存在在时空之中" 70
二、形式化的时间及其批判 72
三、实质性的时间——自由与存在 75
参考书目 79

第八讲 现代存在论 80
一、"非存在"进入存在论 80
二、时间、非存在与存在 82
三、"人"带来"无"(非存在) 84

四、人之死亡的存在论意义　86
　　参考书目　89

第九讲　"语言是存在的家" ················· 90
　　一、艺术保存了"存在"　91
　　二、"语言是存在的家"　93
　　三、语言带来存在的消息　95
　　四、语言是有"使命"的　96
　　参考书目　99

第十讲　知识论 ························ 100
　　一、知识是如何产生的？　100
　　二、第一种观念：所有的知识实际上都是一种权力　101
　　三、第二种观念：知识是自由的知识　102
　　四、自由的知识是理性的知识　104
　　五、理性需要启蒙　107
　　参考书目　109

第十一讲　经验科学知识论与存在论 ············ 110
　　一、知识论的存在论前提　110
　　二、经验科学知识论的根据　111
　　三、康德的科学知识论及其局限　113
　　四、经验科学知识的存在论基础　116
　　参考书目　120

第十二讲　价值论 ······················ 121
　　一、为什么要讲价值论？　121
　　二、"价值论超越存在论"　122
　　三、康德的价值论：自由　123
　　四、尼采的价值论：创造　125

五、价值论是存在论的一个部分　129
　　参考书目　130

第十三讲　通向宗教的价值论 …………………… 131
　　一、哲学与神学的一般关系　131
　　二、知识论与神学　132
　　三、价值论与神学　135
　　四、存在论与神学　136
　　五、在"未来"的立场上　137
　　参考书目　140

附录　哲学十四讲 …………………………………… 141
　　第一讲　哲学是一门怎样的学科？　143
　　第二讲　哲学的任务　148
　　第三讲　从康德说起　153
　　第四讲　现象与本质　157
　　第五讲　第一性原则　159
　　第六讲　知识论、道德论和情感论　162
　　第七讲　理性·意志·自由　166
　　第八讲　善与恶　170
　　第九讲　至善与宗教　173
　　第十讲　艺术和目的　178
　　第十一讲　从康德到黑格尔　183
　　第十二讲　黑格尔与辩证法　187
　　第十三讲　康德、黑格尔之后　193
　　第十四讲　海德格尔与古典哲学　198

跋 ………………………………………………………… 203

前 言

前几年,我在北京大学哲学系为本科一年级新生上过两学期的"哲学导论"课,第二次的讲义整理为本书正文,第一次的讲义作为附录放在本书后面。

北大哲学系跟我商量上这门课时我很踌躇,因为我的专业是西方哲学,对于概论方面的问题相当生疏,平时也很少系统地考虑这类问题,因为却之不恭,就大着胆子答应下来。

附录里收的是我第一次的讲课内容,当时的想法是"以史带论",通过梳理西方哲学史的大线索,突出讲一些哲学问题,当时课堂记录不很齐全,如今事隔数年,我自己也忘了大半,好在我根据讲课的提示,重新写了一个"西方哲学史导论",放在了我们编写的《西方哲学史(学术版)》的首卷上编(江苏人民出版社,2005年),虽内容不同,但有兴趣的读者不妨参考着读。

正文部分是第二次的课堂内容,这次记录得比较全,而我在接受这个任务时想法稍有改变,把上次的"以史带论"变为"以论带史"。反正三句话不离本行,还是以我的西方哲学专业为背景的,这样,就一种"导论"言,本书肯定是有相当的片面性的,还望读者批评指正。

我在社科院工作,没有多少讲课经验,尤其不善于事先写好讲稿,我的偏见是感到那样会妨碍临场发挥,受讲稿束缚,这样就给后续的工作带来不少麻烦。两次讲稿的整理，北大哲学系的教师和研究生都付出了辛劳，特别是这次出版，编者袁筱芬小姐和吴兴元先生重新整理，工作量很大，省去我不少劳动，实在是要衷心感谢他们的。

从这项工作中，我体会到"讲"和"写"还是很有区别的，我深感利科说的"'写'把'说'的偶然性去掉了"这一观点的正确性。现在我认识到，要把课堂的录音、笔记整理成文，太不容易了。我在修改两个整理稿时，有时竟有"陌生"感，其实有录音为证，就是我自己说的，但我却执拗地认为，要写的话不会那样写的。

如今流行"口述史"，有的整理得很好，口语生动，妙趣横生，我也喜欢读；但有的就稍嫌啰嗦，或者甚至有前言不搭后语的情形，反倒费解。之所以需要"口述史"，大多是有些老先生年纪大了，不便写作，记录下来，当然是好事；不过我觉得我们"哲学"，要"口述"很难，要"记录"则更难。当然，也有好的先例，如黑格尔的一些课，有学生整理出版，影响很大，海德格尔帮他老师整理过关于"时间"问题的讲稿，他自己的一些课堂讨论，也有学生整理出版，有些哲学教授的书，全是讲课的讲稿，也不影响其学术价值。事情都不可一概而论。

不过我还是觉得，我们做哲学的，还是要多注重一点儿"写"；反过来说，学哲学的学生、研究生，要多注重一些"读"。"听课"不能代替"读书"。记得贺麟先生有一次对我说，他不大相信听康德讲一遍《纯粹理性批判》就能听懂，康德这本书当然不是讲稿整理的，他的意思是说这本书要翻来覆去地读的，讲课、讲解只是一个"引导"。

最后，关于开列参考书目，我也是很踌躇的，开多了，等于没有开;开少了,似乎又感到提供的资源不够。这里我还是选择了少开的办法,这跟我现在的工作方式也有关系。过去,我也很努力去掌握更多的资料,不敢言全,但也要力求多,慢慢地,我读书的范围却越来越收缩,特别是精读的书,似乎翻来覆去就是那么一些,于是我变得孤陋寡闻起来,但自己感到对于哲学问题的体会倒是更深入了些,唯恨能力不够,不能两全。这样,只能请读者自己在别的书上找比较全的参考书目了。

还有一点需要说明,我开列的参考材料,都有中译本,有的不止一种,读者可以自己选择,就不做规定了。

叶秀山

2006 年 2 月 7 日于北京

这次出版这两部讲稿,我补写了一个跋,因为毕竟已经有好几年了,想法上也有一些推进,就写在这个跋里了;另外,在审阅书稿时,觉得作为附录收入的第一次讲稿,因为整理出来的材料少,倒也有简明扼要的好处。

叶秀山又记

2006 年 5 月 29 日

第一讲　哲学的危机与哲学的权利

第一讲总是有些开场白,今天的开场白是针对新同学、新朋友的,欢迎大家进入哲学门的高层次的学术台阶。进入北大哲学系,不仅意味着入了哲学的专业队伍,不仅是工作的分工,而且是打开了哲学专业高级层面的一扇"门"。过去哲学系不叫哲学系而叫哲学门,这个说法已经改了很多年了,但入门还是最重要的。进入这扇门并不等于登堂入室,这堂奥里到底有什么,可能你们一时还看不清,那么就需要有一个向导来带领你们,我们这些老师就是这样的向导。哲学导论这门课的立意也是如此。所有的哲学系都应该有这门课,让大家能够了解在专业方面哲学到底是一门什么样的科学,哲学都讲些什么,需要学些什么,需要想些什么。

一、哲学的危机与哲学的可能

进了这个哲学门,应该说前面的道路并不那么平坦,并不是一条简单的笔直的平坦大道。哲学门里面五光十色,矛盾重重,有时候甚至可以说危机四伏。哲学面临着危机。有人会说,这是不是危言耸听啊?不是。我们的前辈,一些大哲学家也谈过这个问题。比如,黑格尔在《精神现象学》的前言里说,哲学发生了问题,哲学被败坏了,哲学产生了危机;胡塞尔说得更严重,他有一本书就叫《欧洲科学的危机和先验现象学》。有一阵子,西方人和西方哲学家愿意谈危机,不回避危机,那么哲学的危机到底是什么呢?我在这里要谈的是哲学本身的危机,哲学精神方面的问题。

这个危机的表现是多方面的。从黑格尔和胡塞尔的意思来看,危机就是生死存亡问题,就是有没有哲学的问题。这个危机是永久性的危机,哲学总是在生死存亡的边缘,总是在生死存亡的危机之中;如果没有这种危机,实际上也就没有了哲学。我们哲学导论的第一讲也想加强一下各位的危机感。从古希腊开始一直到现在,哲学都是在危机之中生存发展的,危机就是存亡问题。实际上,哲学永远面临着有没有哲学、要不要哲学的问题;哲学永远面临着存亡的问题。

那么,什么是哲学?在字义上大家都知道,但是到底什么叫哲学,可不一定都能说得清楚。我虽然做了一辈子的哲学研究,但也说不大清楚。哲学在生死存亡的危机之中,体现了它是一门很特殊的学问,它的对象、方法和功能,不同于一般的其他学科。无论你研究中国哲学、中国传统哲学,还是研究欧陆哲学、英美哲学,问题不会随着研究就得到解决,问题只会越来越深入,越来越严重。你并不容易找到一种东西,让你觉得这就是哲学,我们心安理得好好研究吧。研究哲学总是迫使你回过身去,重新思考这个问题——什么叫哲学?这个问题会一直伴随着你。你老是会想:在过去,哲学出现过什么问题,现在哲学还是面临着什么问题。

第一讲　哲学的危机与哲学的权利

整个哲学史都会让你自己去思考这个问题。远的不说,从近代以来,哲学到底面临什么具体问题以致发生危机?它遇到什么挑战以致不断考虑生死存亡问题?应该说,哲学的危机最集中表现在哲学被忘掉了,被遗忘了。

哲学被遗忘了,没有哲学了,这是最可怕的危机。冒昧地说,欧美的相当一部分学者都被认为是在研究哲学,他们自己也这么觉得,但实际上他们相当一部分并没有在研究哲学,他们研究的不是哲学。许多人都认为那是哲学,事实上却不是,如同希腊人说的,"好像是,但实际不是"。哲学被遗忘掉是它自身内在的一个危机。作为研究者,他并未在做哲学,却自以为在做;而且读者也认为那个作者的工作就是做哲学,他研究的就是哲学,大家都忘掉了"什么是哲学"还会成一个问题。这么说是不是有些武断呢?人们不是常常说,到处都有文学,到处都有哲学,哲学深入到历史,深入到社会,深入到科学,深入到人的思想内心,哲学无所不在吗?但正因为它无所不在,所以常常被人忘掉,因为不容易抓住它的要领,所以哲学常常被遗忘。然而,尽管哲学作为学科来说面临严重的挑战和问题,但哲学还是一直延续到现在,它不是一个空名。哲学的精神常常被掩盖,但是它不会被消灭掉。哲学的精神一旦迸发出来,你就能够明白,哲学原来是这么一个样子。

我想要说的就是,哲学的危机在于哲学常常在做着非哲学的事情。用一个不一定准确的词来说,我们现在做的很多事情是"准哲学",也就是"it seems"。它不是,但它还有点像,这就是"it seems"和"it is"的区别。它也有一些哲学名词,也有一些概念范畴,非常像哲学,但实际上它不是。这就是为古希腊所强调的哲学传统的理论——似乎是,但不是(it seems, it is not)。我并没有批评和贬低"准哲学"的意思。这些做"准哲学"的人如果很有思想,很有灵感,可以做得非常好。他们从生活的体会出发,从某一种学科出发,从对社会的体察出发,例如对于伦理道德问题、社会风尚问题等提出很深入的看法,非常好,非常有启发性,在社会上取得成功,也很有效果。但是,他们做的不叫哲学,所以我把它称做"准哲学"。近几十年来,这样的"准哲学"比比皆是。

在我们哲学所,有一个学习班把自己研究的对象命名为"纯哲学"。这个"纯哲学"的概念容易引起很多误解。一旦谈到纯粹,就会被人认为是脱离实际。我们向来强调理论联系实际;这样做是不是意味着要躲进象牙之塔呢?是啊,做学问总是要躲一躲的。但我们所说的"纯哲学"的这种纯粹性也是哲学意义上的。

"纯粹"这个词的哲学意义不等于不联系实际。恰恰相反,它要求你联系实际,要求你深入到实际中去,要求你在实际的、现实的、复杂的环境之中通过它的检验。只有通过在"非哲学"的现实中仍能"保持""哲学","保持""自身"的"纯粹性",才是真正的"纯粹性",也才是真正的——真实的"哲学",才是我们研究的哲学的本质。既联系实际,有丰富的内容,又仍然要保持哲学的纯粹性,这就不容易。如果仅仅研究一些抽象的(不从哲学意义来讲,从一般意义来讲)、形式的概念范畴,那不算学问。学问是什么?学问是经验。纯粹哲学绝对不是不要经验,纯粹哲学是要一切的经验,不排斥任何经验,甚至很细微的经验也绝不放过。纯粹哲学是从纯粹的角度来理解和体会一切社会和历史时代的经验。

哲学不提倡抽象的思维,而是提倡具体的思维,研究哲学的人绝不能忽视细节。比如我最近在阅读的福柯。福柯是个怪人,他在知识考古学和道德系谱学方面有很深入的思想,他说系谱学(哲学)不拒绝任何细节,提倡最广泛的博学,也就是"书袋子",任何细节都不放过。过去我们的哲学有一个大而化之的毛病,注重历史上大的革命事变、社会变革或大的科学脉络,而到了20世纪后期,像福柯这样的人特别重视细节。他研究的领域有的历史学家都不去研究或很少研究。他研究医院的历史、精神病的历史、监狱的历史等这些奇奇怪怪的东西。这些本来是在我们哲学的视野之外的,我们不大在意,但他却研究了。他的这种理论和想法为我们哲学打开了更广阔的视野。

学问在哪里?学问在细节中。没有细节,你的学问到底有多少就很难说,因为学问要解决实际问题,而不仅仅是有一些想法,提出一些概念名词。打个比方,听说少林寺练功如果要毕业的话,就得从所有的山门打出去,一道关一道关地考试。如果打不出去,就说明本事还是不行,功夫还不到家。能打出山门的就能毕业了,得道了;做学问也是这样。你要用哲学的光把这些细节都穿透才行,如果不能穿透就不行,那就说明你的理论是抽象的,在某种意义上说也是不纯粹的、片面的。我们需要全面,虽然不容易做到全面,但也要努力追求全面,所以我们不反对博学。哲学不怕"杂",学哲学的人兴趣都很广泛,对什么都有兴趣才是学哲学的料儿。哲学不怕杂,杂了也能让它纯粹起来。光"杂"不"纯"当然不行,那是在"大千世界"中未能"保持"住"自己";光"纯"不"杂","自己"倒是"保"住了,但"保"住的是一具"尸体",一个"空壳",没有"材料",没有"内容"。

细节是一门学问。但是另一方面,这些细节如果没有哲学就没有灵魂,就是死的材料。我们要以哲学的"能"让—令其开显出来,显出它内在的光芒。如果没有哲学,那就是一般的搜集材料,例如收集古玩、收藏钱币等等，虽也是一种细节，如贯穿不起来，"纯粹"不起来，尽管不失为一种很好的"玩好"、"雅兴"，但毕竟不是"历史学"。

二、哲学的三大权利

刚才讲到哲学存在这么多的问题，现在我想讲的是，哲学有危机，有挑战，当然也有机遇。哲学被掩盖的精神要开显出来，就必须理解到哲学也有一种权利。它并非指政治权利，哲学有自身的权利。我们可以在精神和物质的一般意义的区分下来谈权利这个问题。

在物质方面，比如说我们有追求幸福的权利。这也是康德所极力维护的——维护人们在这个世界追求幸福的权利。这是人人都允许追求的天然的权利。哲学主要并不是要帮你去追求幸福。当然，哲学要研究幸福，理解幸福，思考幸福。过去，人们说哲学是聪明学、明白学，学哲学会使人聪明，不是没有道理。有些历史名人原来是学哲学的，后来虽然不做哲学了，却也卓然成家，朱自清就是如此。现在亦是如此，有人从哲学专业改行去从事其他事情也非常成功。大家知道，泰勒斯是西方哲学的开山鼻祖，载入史册的第一位哲学家。当时的人都讽刺他总望着天，对眼前的事情却处理不好，然而他却在第二年橄榄树大丰收中发了一笔财。这也许是野史，但也足以说明我们学哲学的智商不比专做生意的人差。

虽然哲学是聪明学、明白学，但也有学傻了的。哲学不保证你能够发财，不保证你能够得到幸福，哲学并不给你这样的权利。那么哲学到底给你什么权利呢？哲学给你精神上的权利。我在这里提三个权利，这三权虽有区别，但不分立。

第一，哲学给你理解的权利，给你认知的权利。这就是说，我要知道这个世界。这种觉悟并不是人人都有，而哲学启发你精神的活力，所以哲学在某种意义上永远是一个启蒙的任务。启蒙是什么？启蒙就是敢于认知，有知道一切的勇气。哲学给你这种勇气，告诉你你可以理解，你有能力理解，只要你想理解，你就能理解。认知和理解这个世界是理智的、理性的，因此哲学是理性的学问。

哲学流派中有一种我们所谓的反理性主义者，但他们反的并不是我们现在所说的这种理智。包括叔本华、尼采等人，他们反对康德和黑格尔意义上的"理性"，但他们绝不反对"理智"。我们大家都知道马克思有一句很著名的话——我们的任务不是去理解这个世界，而是改造这个世界。我们怎么去理解这句话呢？这是从费尔巴哈以来的一个很重要的想法，它并不等于说我们都不去做科研了，不去理解了，它的意思我们可以从当时的哲学思路中体会出来。

当时的参考系可以从尼采的思路中体会出来，也就是反对那个绝对的至高无上的和谐的"理念"，这个理念是从柏拉图以来到黑格尔所设定的一个至高无上的东西，跟神一样，让这个世界变得可以理解。比如，宗教就设定一个神，有了这个神的存在，我们这个世界上所有荒谬的和不合理的事情就都可以"理解"，人们就都有一个安慰。可以理解就是可以忍受，也就是让你忍辱负重。当时的思想背景就是这样的。所以尼采才说，这是为世界上一切不合理的东西涂脂抹粉的，让它可以忍受。

所有的宗教都有这个特点。基督教讲原罪,说你生到这个世界上即有罪,你要替你的祖先赎罪,你在世界上受到的一切不公的待遇和悲惨不幸都是在赎罪。你做八分好事给你六分回报,那两分留在以后"另一世界"里再补给你,尼采讽刺地称之为买卖、商业行为、公平交易,"balance"就是指希腊的海上贸易数量关系上的公平。虽然你没有得到公平的回报,但是神给你存着呢,神算得清清楚楚,不会差你一分一毫。你做好事不图名不图利,无人知晓,但神会知道。诸如此类,宗教中有很多。佛教和其他东方宗教中也有这些,比如"好心没好报","老天爷不公"的抱怨,也可以给你化解掉。佛教中没有原罪说,但是有"三世报应"。因果报应说有它自己的理路,就是说你这一世没有做坏事,但上辈子有可能做了坏事你却不知道。因此,回过头来再看马克思的那句话的意思绝不是说我们不要去研究自然科学和社会科学了,而是说我们不再忍辱负重,不再在精神上解除武装,不再把理念当做安慰剂。

所以,与宗教不一样,哲学给我们的权利不是去忍受这个世界,不仅仅是去解释这个世界,而是去认识这个世界,了解这个世界,以便"改变"这个世界。认知这个世界,用现在的话说叫"知情权"。哲学就是让这个世界,让这一切经验的细节向哲学敞开它的秘密,让不会说话的日月山川都说话,把它的意义、它的秘密都展现在哲学的面前。这是我归纳的哲学的第一个权利。

第二,哲学给予你自由的权利,即自由权。

在某种意义上说,认知、理解也是一种自由。希腊人对人类最伟大的贡献就在于让知识脱离了一般技术,让科学脱离了实用的范围。希腊人是第一批从悠闲中生出智慧的人。所谓悠闲并不是指无所事事,而是从生活的繁重的压迫中脱离出来,是一种求知的自由。从社会学意义上来说,他们属于有闲阶级,当然也不排除无闲阶级中个别有智慧的人或奴隶。这样一个社会结构和当时的各种社会因缘结合在一起,产生了这么一个伟大的希腊时代,让希腊成为哲学的摇篮。

在这个意义上说,认知权同样是自由权;但是自由权还不仅仅是认知权,因为自由不仅仅是知识性的,而且是实践性的。这种实践性的自由从近代康德以来成为一种行动的动力。从某种意义上来说,哲学就是自由的知识、自由的科学,不仅是希腊意义上的脱离了生活所迫的一种知识,而且是从实践中产生出来的自由的知识。因此,哲学包括了理论和实践两种思维方式。

行动、动机,即意志,在康德看来本是自由。我们应该脱离开感觉经验、欲望欲求去理解这种自由。欲望是一种欲求,那么欲求不都是被迫的吗?生活的欲求,诸如吃喝冷暖不都是我的欲望吗?欲望怎么会是自由的呢?欲望是不自由的啊。这种身体的命令、感觉的命令不是自由的命令。自由是没有条件的命令,人的实践的动力,也就是理性的活动本身就有能动性,本身就有实践力,本身就是一个动力,而不是像费尔巴哈所说的"胃里缺水,于是满脑子里都是水"。

理性本身不仅是静观的(理论性的),而且理性本身就是动力,这个动力就叫自由。所以,哲学不仅给你理论的自由,而且给你道德的自由、实践的自由。这些自由全是理性意义上的,不夹杂任何感觉材料,不是为吃为喝,为冷为暖。驱动你发生行为的原则是一个自由的原则,这个原则意味着自由权是比刚才我们所说的第一个权利更高的权利。

自由是什么意思呢?理性的自由是什么呢?自由就是创造,

哲学给予你创造的权利，而创造也就意味着自由。自由必然是创造，创造就是从无到有，原来没有的让它有。哲学维护创造的权利，维护绝对的新事物，所以创造也是创新。至于什么是"新"，我们以后也会讲到，哲学永远是新的，因为它维护创造、创新的权利。

认知的权利与自由的权利（创造的权利）这两者结合起来，就是自古以来我们哲学所追求的最高目标——真理的权利，也就是我要说的第三个权利。哲学就是追求真理的学问。真理不是像经验科学那样，重在原理、原则、公式和命题。哲学所说的真理不仅仅是命题的真理，不仅仅是命题的真假值。哲学的真理恰恰是前述的认知形式和自由的结合、理论和实践的结合、理论性的知识和实践性的知识的结合——这就是哲学的真理观。真理意味着理解与自由，意味着理解的自由和自由的理解。

三、"自由"与"真理"：存在论与知识论的统一

在哲学这三大权利维护下，哲学进行着两个方面的工作：存在论和知识论，求存在论和知识论的统一。

以后大家会慢慢清楚，哲学主要分两大类：一类强调存在论，一类强调知识论，就像是哲学的两大系统。它们在哲学史上的演进，按通常的说法，古希腊哲学强调的是存在论，长时间延续下来主要是存在论(ontology)。到了近代，康德提出把哲学的重点从存在论转移到知识论。

对于知识论，康德有一个很重要的说法：在认知对象、认知存在者之前，首先要考虑认知的条件和认知的权利。认知是有界限

的。康德研究人到底能认识什么。有些东西是我们认识不到的,并不仅是因为我们的经验不够、条件不够,不是因为时间没到、经验没积累到,比如登月,过去不行,现在行了,那是科学家的工作。而我们哲学指的是在原则上,有些东西是你根本不可能认知的,是你没有权利去认知的。所以,认知权并不是无限的。你可以知道的是有限的,在有限的范围内你可以无限扩展,但超出经验以外的你没有权利认识。首先需要认识的是你自己权利的限制在哪里,你有没有权利去认识。康德把哲学的认知权进一步具体化了。

知识论在康德以后发展起来,科学发展论、科学概论等都吸收了康德的思想。你如果要去认识上帝,康德说,你认识不了上帝。也就是说,从科学知识的角度你认识不了上帝,从经验知识的角度你积累一万年两万年也不可能认识它。你没有权利,这个领域不是你的。

到了20世纪,存在论的问题又出现了,不是反复,不是倒回去,而是有了新的视角。康德、黑格尔已经有一个新的视角,相比古代的存在论有另一些想法、另一种思路。存在这个"being"恰恰就是真理。它是真的、实在的,不是命题真理,不是一加一等于二。它既是实实在在的,又是有理的,是刚才所说的两个权利的结合。20世纪理解的"真理"同样地离不开这个"存在—真实—实在",它已经把康德知识论以来乃至古代希腊的存在论以来的一些问题都融合进去了。而注入到这个学说的灵魂中的这个存在、这个真理,是创造的、自由的、动的。真理不等于告诉你们几句话,真理是实实在在的。真理又是在变的。怎么变呢?自由地变,所以自由是它的灵魂。创造是实际的东西,是真实的,不仅是理论的。这个"真"不是真假对错的真,不是right or wrong,而是实实在在的real、reality。

真理论是和知识论、存在论结合在一起的。在这个意义上我们说，哲学一直坚持它追求真理的权利，也就是以自由的精神来进行自由的理解和自由的创造。

参考书目

（德）费希特.向欧洲各国君主索回他们迄今压制的思想自由.见:梁志学主编.费希特著作选集.第一卷

（德）黑格尔.逻辑学.第1版、第2版序言.见:《逻辑学》上卷

（德）黑格尔.1818年10月22日在柏林大学的开讲词.小逻辑

（德）胡塞尔.欧洲科学的危机与超越论的现象学.第一部分

第二讲　哲学的道路与学习哲学的最佳途径

上一讲我们讲了讲哲学的危机和哲学的权利,这一讲我们要谈一谈学习方法问题。我们到底需要用什么方法学习哲学?方法并不是固定的,只是寻找有哪些道路通向哲学。这些道路和方法,取决于哲学这门学科特殊的研究对象和问题。也就是说,我们要为哲学划出一条区别于其他学科的界线。

一、条条道路通哲学

我们说过,哲学在某种意义上说是一种权利,但权利不是抽象的,权利要有界限,权利原本意味着界限,没有"无限"的"权利"。"权利"意识到自己的"界限",意味着"权利"意识的成熟。哲学发展到现在已经有两千多年的历史,是一门成熟的学科。有人认为哲学太老了,太陈旧了,像一位老人。的确,哲学这门学科似乎是属于"老年"范畴的。"老年"在社会上是一个弱势群体,需要有特殊的照顾,需要特殊的方法和措施来维护它的权利。我们现在还要学习柏拉图、亚里士多德、孔子和老子,这些都属于在社会文化层次里应该特殊保护的,应该给予特殊的福利来维护它们的生存权和自由权。另外一个方面,我们研究哲学的人也要很慎重地应用我们的权利,我们的权利也要有界限,我们的方法也要得体,不要觉得哲学就是天马行空,怎么做都可以。

是啊,某种意义上说条条道路通哲学,哪条路你都能走到哲学上去。但是,这些路有的比较长一点儿,有的要绕个弯子,每个人的学习情况不一样,要找到自己最佳的途径,只有自己去走,没有事先规定好了的。所以,所谓条条道路通哲学,即意味着你去做,做哲学,不要事先就去琢磨什么方法合适。黑格尔批评康德的知识论先谈知识的条件,认为在认识之前要先看看认识的条件,就好像学游泳不下水,天天在那里研究该怎么游。其实学游泳没别的,就是下水扑腾。以前我不会骑自行车,总问别人自行车该怎么骑、怎么学,问急了,别人说学自行车没别的,就是"蹬"。所以,做哲学最重要的就是你去"做",去实践。

二、上升的路和下降的路

如果具体一点儿来谈,我们学哲学,根据哲学的对象、哲学的问题,有什么可以建议的呢?我认为,做哲学有两条路:一条是上升的路,一条是下降的路。上升的路就是从经验到哲学:从一般的经验,包括各门学科的经验、生活的经验,从这里开始积累,上升到哲学的思想、哲学的理论或哲学的学问。比如说,研究物理学和化学,或者做行政领导,都会有经验(科学经验、管理经验),慢慢积累,慢慢琢磨,有些聪明的人做深了,就能进入哲学的领域。在某种意义上说,甚至和文化水平有时可以是没有关系的。文化不是特别高,但是生活经验很丰富,人生经历很坎坷,也能进入哲学的问题的领域,思考哲学的问题。这是一条路。

另一条是下降的路。一般来说,从事哲学专业的人常常走的是这条下降的路——从哲学到经验。经验是慢慢积累的,从哲学的理路、哲学的领域里走出来看这个大千世界,这样来回几趟,你的哲学作为学问来说就丰富了。上一讲我们谈到,哲学不是不要经验,哲学非常重视经验,否则你的哲学就是空的、形式的。20世纪60年代,我做过美学,黑格尔在《美学讲演录》里的主要命题是"美是理念的感性显现",也就是说,"理念"在感性里显现出来了就是美。那么,"桌子"体现什么"理念"呢?是"桌子"的"本质"吗?一张"桌子""体现"了"桌子"的"本质"(理念)就是"美的"?那不是"概念"的"图解"吗?实际上,黑格尔这个命题,是要从黑格尔整个哲学思想来理解的,"体现"在一张"桌子"(譬如明清的家具)上的"理念",远远"大于"桌子作为"物体"的"自然本质"。这样,你需要许多经验的环节,这些环节也要从读书、思考中获得。没有这些环节,你的理论就是空的。哲学需要从哲学思想中开显出世界来,这是第二条路。

上升的路、下降的路这两条路都是有效的。对于第二条路来说,从事哲学专业的人只要付出努力,都能开显出自己的哲学世界。至于你的这个世界水平有多高,内容有多丰富,那是另外一回事。从哲学到经验,会产生偏向。有些人做了一辈子哲学,仍然停留在抽象概念上,这种哲学是空疏的,谈不到学问。但是,第一条路则需要一个跳跃的环节。这是什么意思呢?这就是说,你有很多很多的经验,从具体的经验、具体的学科来进入哲学领域,但如果没有这跳跃的一步,没有一点哲学的聪明、灵感和灵气,你就进入不了哲学领域。在这个层面上说,哲学也和艺术一样,不是人人都可以学的。这跟哲学的性质有关。

哲学考虑的是超出通常经验之上的,哲学的思想是不受经验限制的,哲学考虑的是自由。哲学要达到超越的这一步,叫做Transcendent。怎样超出经验之外?生活经验要积累到哪一年呢?孔子说他"五十知天命",他很聪明,五十年积累下来就超越了,有了飞跃这一步。可是普通人怎么办?普通人没有孔子那样的水平,那么一直积累到七十岁、八十岁、九十岁……绝大部分人在这条路上走,不一定能跳得出来进入到哲学的层面。

我们可以看到很多做具体科学的,他们做得都很好,很有学问,很专业,其中有的人后来也思考、研究哲学问题,有很多真知灼见,但是从我们哲学专业出身的人来看,他们并没在做哲学,他们想的问题有的和哲学"相似",但不是哲学问题,他们的思想成果我们要好好学习,但我们有自己的思路。所以,哲学不仅仅是经验总结,不仅仅是理论上的概括。任何科学都有理论性的一面,都可以总结出自己的理论来,但科学理论也不简单地马上就等于哲学。曾经有科学家批评我们做哲学的人,说宇宙是有限的,你们的那个"无限"是想象出来的。实际上,在我们做哲学的人看来,那个"无限"恰恰是"不可想象"的,无限不是想象出来的。时间无头无尾,空间至大无外,黑格尔早就说过,那是恶的无限。哲学里说的无限不是这样的无限,哲学里说的无限恰恰就在有限里面,恰恰是从下降的路出来的,是深入实际的。

从哪里深入实际呢?从哲学深入实际,不是经验总结,不是靠想象力想出来,什么至大无外、天外有天、楼外楼、人上人,不是这些。任何的经验科学都可以总结自己的经验从而成就一套理论，但那不一定是哲学。不排除在经验科学里有很聪明的、有哲学悟性的人，跳出"三界"，跳出老君炉，有了哲学思想。比如，大科学家爱因斯坦，他能够和康德对话，可以说是在同一个层次上。但能够达到这样的哲学悟性的人很少，这需要跳跃，这个跳跃不一定是积累出来的，需要一种飞越。所以，我建议从事哲学专业的人不要走这条路。

20世纪五六十年代，我们也走过这条路。当时，我们在北大上课，哲学系分成自然科学、社会科学和逻辑三门。我选了一门自然科学，因为我觉得学哲学兴趣应该广泛一些，什么都学。后来学着学着，觉得这些学科离哲学十万八千里，并不好学。到了60年代，做美学也走过弯路。我觉得做美学要依赖一门艺术，这当然没有错，我们当然不赞成身无一技之长而奢谈美学。但这也不能是绝对的，康德就身无一技之长，似乎不会唱歌不懂音乐，而且不很喜欢这些——也许他对拉丁诗还有欣赏能力。我们那时候认为做美学一定要有一个基地，要去喜欢一门艺术再来做美学。做着做着，到了60年代快要下干校的时候，我突然发现要从具体的艺术部类上升到哲学理论太难，没有飞越的这一步不行。比如说，总结戏剧的表演、舞台、编剧，要从这些经验中总结出哲学理论或美学理论是不太可能的，就算是我们这些学哲学的人也不行。从两方面出发倒是可以，又从哲学出发，又从艺术出发，碰上了算走运，但你怎么做，也和那些搞戏剧评论和戏剧理论的人差不了多少。

60年代的时候，我们去编美学教材，在高级党校里集中了一批人，同时在高等教材里还有一本文学概论在编。有人就问，这两本书有什么区别？你们也讲文艺的人民性，他们也讲文艺的人民性。

阶级性、人民性、共性、特点、文艺的特殊规律都得讲，你们无非就是多几个"美"字，贴了几个"美"的标签。我们也一直在想到底有什么区别，慢慢地就体会出来了，我们的出发点不一样。他们的东西是从文学的经验出发，总结出来的；我们的东西是从哲学的思想出发，开显出来的。或者可以这么说，亚里士多德的《诗学》基本上是对希腊当时的文艺情形的一个经验总结，尽管里面有很多哲学的东西；而柏拉图的《理想国》则恰恰是第二条路，下降的路。所以，我的体会是，建议学哲学的人走这条下降的路。

要深入实际，怎么深入实际呢？从哲学深入实际。那么，下降的路有没有什么道理来维护它呢？能不能从概念出发，以哲学作为出发点呢？"从概念出发"、"从理论出发"曾受到过严厉的批判，有些也还是有道理的，值得做哲学的加以警惕。

哲学有权利作为出发点，因为哲学是一门最基础的科学。从某种意义上来说，它是一切科学之母，是一个母体。从历史上来说如此，从学科的道理来看也是如此。有一种说法认为，哲学是人文学科。当然，哲学要研究人，而且要研究自由的人，研究自由，研究无限。那么，人文学科的基础就是这种无限和自由，而在这种精神之上才能开显各门自由的学科，也就是经验的科学。这种经验科学脱离了技术性的、实用性的目的，是一种研究性的、观察性的、思考性的学科，它是自由的。每一门学科都有它自由的、独立的方面，而这种自由权恰恰是根植在哲学的基础上的，所以哲学完全有权利作为一个出发点，只要你不停留在这个出发点，不止于这个出发点。哲学不能停留不动，哲学恰恰是要动的。哲学作为一个出发点，在这个出发点上你要动起来。这个出发点尽管在刚开始接触的时候会比较抽象一点儿，但是慢慢就会丰富起来。只要你们深入下去,深入实际经验,它就会丰富起来。

我们说研究哲学有这样两条路,并强调专业的哲学方法,并不是说排斥另一种方法和道路,无非是指出来,从一般的经验总结里面很难开显出哲学的境界,这需要一种特出的才能和特出的悟性;而哲学作为学科自身也有几千年的发展经验,足资我们学习、参考。

三、哲学基本功:"听"、"说"、"读"、"写"

我们哲学专业是把哲学作为自己学问的出发点和基地。在这个意义上,阅读哲学著作就是我们必经的途径,也是最佳的途径。阅读哲学史上大哲学家的著作是最重要的方法,这是我们多少年来体会出来的。当然,做哲学阅读的范围应很广,也应该读非哲学的书,但主要还是要读哲学史上的大家的著作,这是一定绕不过去的。作为专业的哲学工作者,必须钻研哲学历史上的或者现实当中的哲学大家的著作。

什么是哲学大家呢?这个概念是个经验的概念,界限并不非常鲜明。在这里,哲学史著作给大家提供了一个索引、一幅地图。哲学史就是告诉大家在历史上或在当代都有哪些重要人物,有哪些起过作用的哲学著作。哲学史的书也会告诉你一些哲学的主要内容,但这些都不够,一定要阅读哲学大家的原著。我们上学的时候对我们帮助最大的就是原著选读的课程,老师带着同学们选几本书,带着读几章,把这本书的主要内容掌握。读哲学原著,到了我这么大的年纪同样还要读,有些书要翻来覆去地读。世界上的书很多，经验不可能穷尽，书太多，所以读书需要老师的指导，需要踏踏实实地读。一个时期你读什么书，也就反映了这个时期你在"想""什么"问题。

我建议你们好好地读这三本书：康德的《纯粹理性批判》、黑格尔的《精神现象学》和海德格尔的《存在与时间》。应该说，这三本书或这三个人，是我做哲学受益最多的，所以推荐给大家。这三本书都有中文译本，但最好能读原文。我们在中国这样一种条件下学哲学，除了中文很重要外，外语也是非常重要的。我们心目中好的哲学工作者，应该具备英德法三种语言能力。中国哲学当然很丰富，历史很悠久，古代也很辉煌，但是哲学这门学科严格地说来源于西方，如果我们的外语不好，不能阅读原著，那是很吃亏的。

这三本书最好是能读德文原著，退而次之读英译本，再退而次之读中文译本。这三本书的中文翻译也都是很好的。《纯粹理性批判》现在有好几个版本的翻译。贺麟和王玖兴翻译的《精神现象学》是目前最好的译本，他们的译文，在中文表达和哲学思想的把握以及德语理解的准确性方面都是经得起推敲的。《存在与时间》现在只有一个译本，以后还可能再出译本。这些书是值得反复读的。

读书是我们学哲学的最主要的方式，没有什么别的方式比它更重要。学外语有听、说、读、写，学哲学也有。"听"是听课，"听"别人"说"；"说"是表达自己的意见、观念。"听"、"说"结合起来就是"对话"，有人说是"辩论"。以前我们也说，辩论是哲学的源泉。学哲学的人都爱辩论，柏拉图对话就是一种辩论，但是，辩论不是惟一的方式。哲学之所以从柏拉图到亚里士多德从辩论变成了独白，有它自己的道理。辩论要为思想服务，并不是说什么样的辩论

第二讲 哲学的道路与学习哲学的最佳途径

都有利于哲学。辩论要以问题为主,有的辩论不一定是真问题,而辩论往往会发生这种情况——你说东,我说西,能否说得好就在于你如何说。如何说非常重要,是论证的环节,但是哲学不仅仅是"如何说",还要问一个"说""什么"。这个"how"和"what"是有关系的,"what"必须首先弄清楚,而"how"是一个方法论的问题。如果仅仅在"如何"上做文章,像古代希腊后期智者那样,"辩论"就会成了"诡辩"。

如果还坚持辩论是哲学的源泉,那对于我们来说,最主要的辩论方法就是读那些哲学原著。你读一位哲学大师的书,你就是在跟他对话,只要读懂了,你就是把他想过的问题重新再想了一遍。再想了一遍之后,你想出来的东西就不一定是他想出来的了。但是这个想法,这个"法",这条道路是一致的。你们在同一条道路上才可以辩论。如果你在东边,我在西边,那就是"风马牛不相及"。没有相撞,没有 encounter,你的路数和我的路数完全不一样,怎么能辩论呢?所以,只有在同一条路上才可以讨论问题。这些书是领你上路的,是启发你和它辩论的,尽管它好像是在教你什么,但实际上是在启发你思考,让你提问题,看你会不会提问题。读这些大哲学家的书,就有这个好处。

但是,这些都不是封闭式的。没有真正的大哲学家是封闭的,包括以上这三位。黑格尔哲学长期被认为是一个封闭的大体系,"绝对理念"、"绝对精神"转了一圈回到它自身就完了,是一个大全。实际上并非如此。黑格尔的哲学体系并没有封死,他同样让你思考问题,同样不回避自己哲学体系里的内部矛盾。他当然愿意解决问题,正是在他很真诚地解决问题的时候,暴露出了这些问题。而对于这些暴露出来的问题,他并没有故意去掩盖。这也是包括黑格尔在内的大哲学家的特点,否则,那就不是大哲学家,不是自由的思想者、创造者。凡是达到创造水平的人都要有这个特点——不掩饰问题,不掩盖矛盾,而是揭示这些问题,让你去思考这些问题。黑格尔也是这样,而他揭示出来的这些问题是真问题,不是你说一个东我说一个西,不是故意地唱反调。

我还要告诉大家,有一本书我总是带着它,因为总也读不懂,总想把它弄懂。这本书的书名叫《什么是哲学》,作者是德勒兹。他说:"哲学从来就不是辩论的。"当然,他说得比较绝对。也许有人会问,那么,古希腊的柏拉图怎么样?苏格拉底的对话、诘辩是什么意思呢?然而,对哲学来说,古希腊的这些对话恰恰揭示了"诘辩"的不可能。你看看柏拉图的对话和苏格拉底的那些问答,最后都没有结论。所以,我希望大家最主要的是要和这些大哲学家辩论。辩论是能活跃思想的。至于提问题,则可以看出问题中蕴含着你对这个问题的理解有几分。问题跟问题不一样,不同的问题有不同的分量。我们哲学提出来的问题是大问题,哲学想的事情是大事情。什么叫大问题?以后我们会讲到,哲学里面的知识问题、存在问题都是大问题。

听、说、读、写中的"写"大家也不要忽略。我们以前不大讲"写","写"是后现代的一个哲学理念。就我们的学习方法来说,"写"也很重要。我们中国有一个"述而不作"的传统,其实不是说不写,而是说注重延续下来,没有创作。德里达说,"写"是最原始(original)的"说"。哲学不是清谈,作为方法来说,哲学要写。所以,听、说、读、写不要忘了写,要常常练习写作。写作最起码能帮你整理思想的头绪。哲学不是谈"how"吗?"如何"就是写出来看,整理你的思路。有很多的道理,写着写着就开显出来了。法国的利科说,"写"是把你说的那些偶然性的背景加以淡化,让你的思想更加普遍化,让那些偶然的东西弱化了。所以,希望大家进入哲学门以后多重视写作,不光是谈论、讨论。

参考书目

(德)康德.纯粹理性批判.第2版序文

第三讲 如何理解"哲学"?

这一讲我们进入带有实质性的问题:我们要学习的哲学到底是一门什么样的学科?这个问题要考虑清楚,恐怕要经历漫长的学习过程和研究过程,要研究一辈子。但是不是这个问题就不可说了呢?也不是。哲学到底是一门什么样的学问,如何理解哲学,这关系到我们的学习方法和学习态度。

一、哲学何以是一门科学?

首先,一个最基本的问题是,哲学是不是一门科学?这个问题一直是有争论的。现在新的看法是,哲学属于人文科学,但我不是很主张把哲学等同于人文科学。哲学是人文科学,这是西方哲学一个流派的思路,但不能囊括全部哲学研究的范围。

自然科学也好,人文科学也好,都是科学,这一点毫无疑问。哲学同样是科学,这并不仅仅是一个观点上的争论。我们说哲学是一门科学,有哲学本身的历史根据。过去我们对哲学的定义是,哲学是自然科学与社会科学的综合。这个定义并没错,但如果要真正理解哲学,仅仅靠这个定义是不够的。它的内容不应该仅仅限于到底是人文科学还是自然科学的争论,也不仅仅是两种科学的综合。

哲学是一门科学,这个意思经过哲学自身历史的发展,有相当深入的内容。为什么它是一门科学?为什么它不是艺术?为什么它不是宗教?我们要有个基本的想法,就是拿什么来说明哲学是一门科学。

科学是什么呢?科学是知识。这个"知识"也有各种理解,"知识"有感性的知识、理性的知识,有积累起来的知识,有豁然贯通的知识。那么,仅仅说"哲学是一种知识"也不够:并非说哲学是一种知识,就能完全说明哲学是一门科学。科学是知识的体系,是一个系统,这个系统是由概念、判断和推理组成的。同样,哲学也是一门知识的体系。哲学不是艺术,更不是宗教,但是它与这两种知识形态有千丝万缕的联系,哲学思考的问题与它们思考的问题相近。

二、哲学讲是非,更讲深浅

"哲学是一门科学"这个思路是从西方哲学史中的德国古典哲学阶段开始奠定下来的。从历史上来看,哲学到18世纪的后半期、19世纪这样一个阶段是成熟阶段。经过很多的争论,在黑格尔的哲学著作那里集大成,奠定了哲学作为一门科学的基础。

当然,这不是黑格尔的原创。哲学从古代希腊的起源开始,就是以科学形态出现的,希腊哲学家已经提出"始基"、"原始"这些概念。从前苏格拉底的"始基"到柏拉图的"理念",再到亚里士多德的"存在"、"范畴",这实际上是一个知识系统,是一个科学系统。

按通常的说法(当然也可怀疑),哲学是从早期的宗教脱胎而来的,它带有神话和原始的味道,脱胎出来思考宇宙人生的大问题。它的思考是以一种系统、体系的方式来进行的。亚里士多德在解释"始基"的时候说,"始基"的意思是从它开始又回归到它。所以,哲学叫"终始之学"。而这个思路经过了一千多年的发展,到了黑格尔这里变得丰富了,他的思路在某种意义上是亚里士多德思路的变革和发展。所以,哲学到了德国古典哲学这个时候作为一门学科成熟了,有了自己的概念,有了自己的范畴,有了自己的科学体系。

黑格尔把自己的哲学叫做科学的体系。对于这样一个哲学体系,不仅是刚刚学哲学的,就是长期做哲学的人脑子里也还是有很多误解。也就是说,没有真正读懂黑格尔的书。有一个时期,整个舆论、社会背景对黑格尔的理解和评价并不是很符合他的实际情况。在西方,黑格尔也是几次被当成"死狗"要扔掉,但实际上没有能够被扔掉,到现在他仍然在起作用。在中国,1949年前后,搞哲学的相当一部分学者还是很重视黑格尔的,因为把它作为马克思主义的来源,所以有意地扶植对包括黑格尔在内的德国古典哲学的研究,对于他的东西翻译得比较多;但理解上也还是有片面性。

当年我们自己在阅读黑格尔的时候,脑子里往往有几个框框:他是绝对唯心主义,他的辩证法有合理的内核,他的体系是封闭的。但是,我们没有再深入下去去追问什么是绝对唯心主义,什么是辩证法。辩证法这个东西其实早在古希腊的毕达哥拉斯那里就有了。但是人们说,他那是朴素的辩证法,到了黑格尔这里就不朴素了。不朴素在哪里?什么叫不朴素?这就需要继续深入地追问下去了。

哲学并不只指出你这句话是对的,那句话是错的。黑格尔当然也有错,但是在某种意义上他错得有理,他的错是深刻的错误,而不是肤浅的错误。从现在人的观念来看,过去柏拉图的"理念"、亚里士多德的"存在"、"范畴"这些概念从逻辑学的角度来看也落后得很,亚里士多德的政治学、诗学也都相当落后,也许真的只有历史的价值。我们中国历史上的很多概念,比如仁义道德,当然还有用处,但现在不一定再到处打出礼义廉耻、忠孝仁爱的口号,现代社会有更好的管理经验。应该说,这些观念在我们看来都有问题,但它们是深刻的,你必须研究。从康德到黑格尔,德国古典哲学确实提出了一些深刻的问题。

哲学当然讲是非对错,但更主要的是讲深浅。哲学不是看你表面上说什么,或者说得如何天花乱坠,而是看你说的分量,看你说得有没有深度。哲学历史的发展一直在深入。我们做哲学史的人的任务,是要把哲学史上丢掉的深刻的东西重现出来。总体来说,哲学问题在深化,在希腊是一种形态,在德国古典阶段是另一种形态。研读从康德到黑格尔的书,这是我们从事哲学专业的人入门、奠基的工作。一般做哲学的人不一定要把基础建立在古希腊的角度上,我们做哲学概论也不一定要把基础建立在古希腊,那是很专门的学问,需要很多专门的知识和训练;但是一般地说,哲学概论的基础要建立在德国古典哲学之上,它针对的问题是德国哲学,我们现在所想的问题都没有完全离开他们的谱系。

三、何谓"真正的思想"？

从康德到黑格尔，经过几次反复，把我们哲学拉回到科学的道路上。在20世纪90年代，有人主张搞哲学不要按照概念、判断和推理这样死板的科学体系，要搞得灵活一些，哲学应该向艺术靠拢。其实，这个观念在德国古典哲学那个阶段就已经有了。

就现在来看，黑格尔已经非常充分地考虑到了这个问题。当年与黑格尔同时代的人，有许多是浪漫派的文学家，他们不仅写诗，而且对于世界、学问、文化和诗歌的关系都有很深入的思考，但是他们当中有些人走的路不是科学系统的路。诗歌有在思想哲理上很深入的，宗教也有，但它们不是科学的、知识性的。它们不提倡概念，而是提倡直观和感悟。把直观和感悟放在第一位，就不是哲学的方式，不是科学概念体系的方式。哲学当然重视直观和感悟，但不止于它们。

黑格尔的《精神现象学》被马克思称为理解黑格尔体系的钥匙，这部著作的直接批评目标是谢林。这两个人原来关系很好，谢林活的时间很长，但著作很少，黑格尔得传染病死了，但留下大批的著作。谢林有些诗人气质，强调直觉、直接性，强调自然、天然。黑格尔批评了谢林，强调哲学是一门科学知识体系，不能只靠感悟。当然，他们俩有许多前提是一致的。哲学史的发展中各学派有时很对立，但又是统一的，因为他们考虑的都是很绝对的问题。哲学考虑的是精神，哲学研究思考的是绝对，因此就不同于一般的自然科学和经验科学，这也是德国古典哲学成熟的一个观念。

"绝对"不同于经验科学的"对象"。经验科学研究相对的、具体的东西,比如说研究冷、热、物理现象、化学现象和社会现象。哲学当然也承认这些,但哲学要研究超越于相对之上的并涵盖了这些东西的"绝对",包括康德、费希特、谢林和黑格尔等人在这一点上都很一致,没有分歧。但是,绝对怎么能超出于相对之上呢?绝对靠什么超出于相对之上呢?谢林说,用抽象的概念不能达到绝对,概念永远是片面的,与现实相对,总不能绝对。因此,哲学研究不能靠概念,要靠直觉、直观,由直观到本质,由直观到绝对,在直观里才是大全。概念与现实实际是相矛盾的,只有直觉(intuition)才能够掌握绝对和全面。按照这样的理路沉陷下去,哲学就不能成为科学,就变得神秘了。直觉、直观并不是人人都一样,而且也不可教,不可学——这就是神秘性。在哲学史上,有的学派就很神秘。

哲学最主要的还是要思考,学会思考是学哲学、做哲学最重要的素质。但是有一条,思考靠什么?哲学作为一门科学,靠知识体系、概念体系。在德国古典阶段或者在西方哲学的参考系里面,没有概念就不能思考、不能思想。思维靠概念,没有概念就不能思维,这也是从康德到黑格尔这个历史阶段里奠定的很重要的基础。

思维与直观相对应,只有感悟、直观,就不是真正的思想,就不是真正的思维。当然,从康德到黑格尔没人说不要感悟,不要直观,直观在康德的哲学里面很重要。康德对于感性的直观、感性直观的形式,对于时空作为感性直观必然的、先天的形式下了很大的工夫,花了很多精力。以后我们会谈到,康德在知识论的建立方面贡献是很大的。没有直观就没有知识。然而,经过费希特、谢林到了黑格尔,思想、思维靠概念,不能停留在直观。康德也是这样,他的著作前面有先验的感性篇,接着后面还有先验的范畴论。概念跟现实的关系就是范畴,所以哲学讲范畴,用概念思维。哲学讲范畴,意味着哲学要有直观的内容,要有现实的内容。这个范畴是从亚里士多德那里来的,范畴要与现实打交道。

康德说范畴没有直观就是空洞的,而直观没有思想和范畴就是盲目的,只有直观和范畴综合起来才是理论的知识。这个理论知识实际上讲的就是对于客观世界、对于自然的知识。对于自然的知识在哲学里找到了可知的根据,物理学、化学、植物学和生物学于是都稳稳当当的,不至于成问题了。成什么问题呢?这些知识都从实际中来,离不开直观和经验,但经验总是在变化,经验有偶然性,经验并不在绝对的推理的意义上保证明天太阳一定会出来。这样的话,各门自然科学的大厦就摇晃了。康德说,不用担心,你们的经验虽然有偶然性,但是在理论上知识是必然的,是可以推论的。

这种哲学有个缺口,在某种意义上被一些人钻了空子。这个缺口就是"绝对"在经验世界里是否存在的问题。世界作为一个大全,一个 whole,康德说,这些东西包括神在内,在我们的经验世界,物质的、直观的世界里是找不出来的。没有直观就没有知识,就不可知。这个缺口一开,艺术家们就高兴了。他们说:"我知道,我靠直接的感悟和灵感能知道,我能看见那个绝对,我看见了神。"是啊,这不可论证也不可证实。怎么论证上帝存在呢?没法论证,没法证实。"我看见了,你没看见,那说明你没有慧根。"这不是科学。在科学上,神是不可知的,那是艺术、宗教的对象,所以康德的不可知论(当然也是在理性的范围里面)是一个"缺口",为宗教信仰留下了余地。

四、何谓"哲学的现实性"?

我们现在要说的是,哲学是一门科学,哲学要认识无限、绝对、大全、自由、自然这些东西。按照康德的思路,哲学如果想要奠定在科学的基础上,就要阐明"绝对"同样可知,他认为这是不可能的。为挽救作为科学的哲学,黑格尔必须批评康德的不可知论。

不可知论不是说自然科学、物理科学不可知;恰恰相反,它非常维护其可知性,它是说这个物自体不在因果环节里面,不是通过因果环节出来的,没有直观,也没有与其相应的理路就不能推论出来。比如说,道德的动机如何推论呢?没法推论。这个道德动机对于科学知识来说,是不可知的,它带有神秘性。如果说,绝对靠感悟,靠见证(witness),只有你见到上帝,别人没见到。按照中国的考据学的说法这叫"孤证",不能完全成立。而黑格尔就是要想办法把这个绝对、大全和无限都作为科学的方式、概念的方式和范畴的方式加以把握。

这其中有一个问题。对于这些绝对、无限、大全,你到底是把它理解为抽象的、空洞的、模糊的东西,还是把它理解为清楚的东西?清楚就是界限,绝对的无限、大全不等于没有界限,不是不要界限,而恰恰是要有界限。所以,黑格尔一个非常重要的思路在于,只有那个有限里面的无限、相对里面的绝对,才是真的无限、真的绝对。"真"不是说真假伪劣,"真的"就是真实的。那些孤零零的无限、绝对和大全实际上不是大全,不是无限,因为你既是"抽象的"、"形式的",则还有一个"具体的"、"内容的"东西在与它"对立"

着，于是就"全"不起来。只有在有限中体现出来的无限才是真无限、真绝对、真大全、真自由。

"自由"的本意是没有任何限制。康德讲的自由是纯形式，没有内容，有了内容就要受限制。所以，后来我们批判他，说康德的伦理学、道德哲学是软弱无力的，是空洞的自由，是脱离现实的、不真实的。真实的东西就是实际的东西、实实在在的东西。所以，只有在相对里面的绝对，有限里面的无限，必然里面的自由，那才是"真实的"(real)，否则都是想象出来的，只在你的思想里，不是现实。"真实的"就是 Wirkliches、Wirklichkeit。

虽然黑格尔的思想很抽象难懂，很玄妙，但恰恰是这样一个人特别强调哲学的现实性。这个现实性不仅是我们日常生活意义上的现实。哲学作为一门学科是最现实的，哲学不是一些抽象概念的堆砌。哲学成为一门学科，恰恰是努力联系实际、面对现实的结果。因此，我的概念和范畴都是现实的概念、现实的范畴，都有现实性，而反倒是在（当时的）自然科学和经验科学那里，概念都带有抽象性。黑格尔说我们的哲学概念不是抽象的，而恰恰是具体的、现实的。贺麟先生把黑格尔的概念叫做"具体共相"，以前我们有的老师也主张把柏拉图的理念翻译成"相"(idea / eidos)。"共相"就是 universal、普遍性。只有具体里面的共相，特殊性里面的共性，才是真概念、真共相，才是真实的、现实的。所以，我们哲学讲的绝对、自由和大全都具有现实性，是真实的概念。我们的概念是真实的，不是对错的问题，是实实在在的，是真的，不是抽象的，是具体的、现实的。

恰恰是在哲学里面，把有限和无限、自由和必然、全体和部分全都综合到了一个概念体系和范畴体系之中。范畴本身的意思就是和现实相联系的。哲学的概念、范畴不是抽象的。哲学的理论不是抽象概念的集合,而是具体概念的体系。所以哲学的理论不仅仅是现象的理论,同样也是本质的理论,是现实最本质的理论,也是本质的最现实的理论。这一点和后来胡塞尔的哲学又是相通的。康德讲现象,黑格尔也讲过现象学,恰恰是本质显现出来那才叫现象学,后来胡塞尔的现象学也是这个意思。

康德所谓的现象就是表象,本质躲起来了,本质是不能直观的。而黑格尔认为概念和范畴恰恰要掌握从现象里面透视出来的本质,这个本质是现实的,他批评康德的物自体。康德把不可知的东西叫事物本身、物自体,这是他的麻烦,后来的哲学家都认为康德的三个物自体很麻烦。对于这个本质、物自体,康德用 noumena 来指称。noumena 和 phenomena 是古希腊哲学的两个词,现在 phenomena 用得比较多,noumena 后来不大用了,因为经过黑格尔,大家知道了 noumena 本就在 phenomena 中。noumena 仅仅是思想的东西,而 phenomena 是在时空中展现出来的东西。康德的物自体就是思想体,而黑格尔发现,本质不仅是思想体,而恰恰是最现实的东西,是能显现出来的。于是,这个单独的 noumena 被黑格尔这么一说就没机会了,不大用了。我们中文把 noumena 翻译成"本体"也觉得是件麻烦事,本体不可知也比较麻烦,于是后来常用"本质",也会有不少麻烦,因为"本质"很可能被"抽象化"。

还有一个词叫"实质"。什么叫实质呢?实质就是现实的质、现实的东西,不是思想体,而是现实体。这个绝对、大全、自由都是现实体、实实在在的东西,是有界限的东西。没界限的东西就只能想,所以是 noumena、思想体,现实的东西都是实实在在的。所以,只有这样理解我们的哲学——叫它绝对的科学也好,绝对的哲学也好,大全的哲学也好——它才成为科学。科学就是讲现实、讲实在,而哲学在所有科学里面恰恰是最现实的。它不是没有界限的、朦胧的东西,绝对、大全和自由不是一种感觉,而是清清楚楚、现实的、有界限的概念和范畴。

在黑格尔这样一个体系和思路中,辩证法就出来了。什么是辩证法呢?自己否定自己。哲学和辩证法的关系进了一步,辩证法也变成科学了。一切有限的东西都自己否定自己,因为它有个无限在里面。"无限"与"有限"为"矛盾",而这"矛盾"又在"同一"中,"一分为二"。这样,哲学科学就不仅是形式的理论。如果"同一"而无"矛盾",则糊里糊涂、混混沌沌,这个世界就没法开展、发展。如果思想和现实各是一边,那就是二元论了。我们把黑格尔叫做同一哲学,但"同一"中有"矛盾",变也好,矛盾也好,发展也好,都在科学的范围里面,真实的概念、真实的范畴都可以掌握它。这就是一门科学所需要的东西。

哲学既然是一门科学,那么科学是什么?科学就是可教可学。艺术也有可教可学的部分,但是按康德和浪漫派的意思,艺术靠天才,天才是大自然的恩赐,可遇而不可求。哲学作为一门科学可教可学,这是黑格尔的意思。《精神现象学》里面有一句话说,哲学利用知性就可以公众化(public),就可以普及,而不是秘传。哲学是可以普及的,可教可学。这样,各位同学都可以安心在哲学系里学习,你们可以学到哲学。当然,像一切其他科学一样,要有创造性的建树,那不全是教来的,也不全是学来的,需要有各种条件机缘会合。

参考书目

(德)康德.判断力批判.导论

(德)黑格尔.精神现象学.序言:论科学认识

第四讲　形而上学与哲学

今天给大家讲哲学作为一门科学的基本特点。哲学到底是一门什么样的科学呢？我们一般说，哲学是形而上学。

一、形而上学：词源与翻译

在古希腊的时候，哲学这门学科就已经产生了，它作为形而上学最早是这样一个词：metaphysics。这个词在柏拉图和亚里士多德那里并没有被使用，是后来有人在整理亚里士多德著作的时候，把哲学这部分的内容放到了他的物理学的后面，由此才产生的。"meta"原来的意思是"后"、"在后面"，当然还有别的意思。这个整理亚里士多德著作的人把讲哲学的内容编到了物理学后面，给它起了个名字叫metaphysics，而这部分的内容，在亚里士多德那里叫"第一哲学"。

metaphysics的中文翻译"形而上学"取自《易经》："形而上者谓之道，形而下者谓之器。""器"是器皿，指具体的事物。对"道"的理解就比较复杂一些，跟器不一样，它不是以"形"分界的。可以这么说，有形的就是 physics，指广义的物理学。"物理"在古希腊那里是指自然、自然现象，也有生长的意思。大千世界成长变化这样一个过程就叫物之理、物理。而"道"是形而上的，形而上就是无形。

西文用 metaphysics 来讲亚里士多德第一哲学的内容，是很恰当的，中文把它翻译成形而上学也是不错的。把 philosophy 译成"哲学"据说是日本人做的。中国以前没有"哲学"这个词，只有"哲"、"哲人"、"哲理"。从 philosophy 原来"爱智"的意思，推进到 metaphysics，使哲学更具体、更明确地成为一门学科。

据说，philosophy 这个词最早来源于 philosophos，它在毕达哥拉斯的时候表示"爱智慧的人"，后来从这个词产生出 philosophia，成为一门学问的名称，可以叫做"爱智学"，就是"哲学"。从"爱智"到"哲学"，再到"形而上学"，我觉得，是我们这门学科逐渐趋向成熟的表现。

不过，后来也有些哲学家，比如海德格尔，认为从爱智到哲学是一种退化。他认为，philosophia 指的是爱智慧、喜欢探讨问题，这时候没有严格意义上的学科。而海德格尔认为，有了学科就有了理论，而他不赞成一切的"论"。他认为，古人虽没有这样那样的"论"，但是他们谈论的道理都非常深刻，后来哲学慢慢地变成一门学问反倒被框住了。

从我们把哲学理解为一门科学来讲，我们的确应该肯定海德格尔思想的深刻性，但是从 philosophy 到 metaphysics 还要被看做一个成熟的过程、一个系统化的过程。亚里士多德在《形而上学》这本书里，对于哲学的基本问题、哲学的范畴这些全都有详细的论述。海德格尔曾经说，他到了 60 岁才好像看懂了亚里士多德的《形而上学》。可见，这本书是需要翻来覆去地读的。虽然柏拉图的书也很重要,前苏格拉底也很重要,但是应该说亚里士多德的《形而上学》在学科的成熟性上推进了一大步。可是,这本书是集起来的散篇,有些零乱。所以,从导论的角度出发,我建议大家从德国古典哲学入手。因为德国古典哲学和柏拉图、亚里士多德的精神是直接相通的,但它更清楚、更系统,两者的基本精神是完全一致的,只是如作历史的回顾,哲学作为一门学科却必须回到亚里士多德的《形而上学》。

二、形而上学与辩证法

形而上学在近几十年来名声不是很好,被认为是一种僵化的、一成不变的、抽象的、片面的观念。应该说这些批评有其原因,也有它合理的一面。为什么呢?这些批评并不起自近几十年,它是把形而上学和另外一个东西对应起来显出形而上学的这些缺点。和什么对应起来呢?和辩证法。长期以来我们的观念认为,形而上学和辩证法是对立的,辩证法是活的灵魂,看事物不僵化,而形而上学则是一成不变的。这个思路实际上是黑格尔的。黑格尔批评了那种不变的、僵化的、片面的形而上学,他认为传统的形而上学有这些缺点。

这个传统的形而上学在西方的近代是一直被批判的,譬如经验主义、逻辑实证主义以至某些分析哲学流派,都以反形而上学为己任,有"拒斥形而上学"之说。尼采当然也是这方面的杰出斗士。其实,在某种意义上,我们在批判形而上学的时候,常常也犯了形而上学的错误:我们实际上本身就僵化地把形而上学与辩证法绝对地对立起来了。我们把形而上学当做一个现成的东西接受过来,认为它是不对的、主观的,辩证法才符合事物实际变化的规律,而当初辩证法是如何提出来的,形而上学到底是什么意思,我们并未深究。康德和黑格尔反对传统的形而上学,那么他们是不是"把孩子和脏水一起泼掉"了呢?事实上,他们提出了一种新的方法与传统的方法对立,但并不改变整个传统的问题,并不取消形而上学的问题,而不过是从另外一个角度来理解这些问题。

我们知道,辩证法的观念在前苏格拉底就有了,而且很繁荣。辩证法是 dialectic,就是把话分开来说的意思。两方面的话互相辩论、互相交锋,一个事物从正反两方面来理解,这就是辩证法在古代的意思,这个意思是说:任何正命题都有一个反命题来和它"对立",任何"问题",都可以说"两面的话"。我们在柏拉图的著作里可以看到,苏格拉底的形象是一个辩论者,他启发人的思想,深化问题。

柏拉图的《对话》,意味着"辩证法"逐渐地脱离了朴素的形态,不是指那些冷—热、明—暗等感觉上的"对立",而是进入了"理路"上的"对立",进入了康德所谓的"二律背反"。从柏拉图到亚里士多德,"理路"上的"对立"得到了"总结"、提高,"二律背反"被"克服",这样,哲学成为一门系统的科学知识。在这个意义上,亚里士多德的形而上学也可以理解为是对哲学学科的推进:它的那些问题吸取了古代朴素辩证法的问题,把它系统化了。"dia"不仅是"分开"的意思,而且还有"贯穿"起来的意思,理论的贯通、理论的系统才成为一门学问。形而上学在以前也起过这样一种作用。

三、"形而上学"的超越性：哲学学科存在的根据

当初 metaphysics 提出来的时候，并不与辩证法相对应，而是与 physics 相对应的。meta 作为 physics 的背后、基础，是根基（ground）。physics 就好像是大树，从地里生长出来，而 metaphysics 就是在它的地下的一门基础性的学科，是它的根。从我们哲学的角度看，形而上学是与形而下学相对应的。

形而下学是物理学、自然学这些经验科学。形而上学和经验科学相对应，这个对应就和与辩证法的对应不太一样了。这里的 meta 是"超越"经验的意思。metaphysics 在亚里士多德那里的原意是一门超越的科学，后来哲学家理解的 meta 都是在"超越性"这个意义上来理解的，被解释为 transcendental。它是指不依赖"经验"，但可适用于"经验"。应该说，从康德到黑格尔不但不反对这个意义上的形而上学，而且坚持它。

形而上学与经验科学这样一种区分是我们哲学这门学科存在的根据，否则就没有哲学，就没有第一哲学。现在的"哲学"就是亚里士多德说的"第一哲学"，这是亚里士多德自己用的词，"形而上学"是后人起的名字。

metaphysics 是和 physics 相对应来讲的，它比 physics 更根本、更基础、更原始，它是超出于经验范围之外的。形而上学强调超越性。亚里士多德在《形而上学》里强调"第一哲学"，这个"第一"就是超越的东西，就是始基（arche）。物理—自然的事物有一个因果序列：一个事物有一种或多种原因以成为这个事物，而这个事物又

成了另外一个结果的原因,这样以至无穷无尽。无穷无尽这个观念在亚里士多德以前也有,叫不定、无定、没有边。但是,亚里士多德认为"没有边"的东西是"不存在"的,不能把握的,但"哲学知识"又不等同于一般的"因果序列"的某一环节的知识,于是,在这个序列里要有一个"第一"。这个"第一",亚里士多德解释为从它开始又回到它自身,用我们古人的话来说叫"原始返终"。把握"第一"是我们哲学的基本,于是有"第一因"。

亚里士多德的著作里记录了在他以前的一批人如何思考和探讨"始基",探讨"根"和"源"。这个"根"和"源"都埋在地下,不是一下子就能开显出来的,所以始基、第一正是我们哲学要思考的东西。

在亚里士多德的《形而上学》中,哲学还有一个名字叫"神学"(theology)。为避免和以后的基督教神学混淆,我们也许可以把亚里士多德讲的神学称为"神圣学"。也就是说,它所研究的东西是神圣的。这意味着它比我们现在、眼前的东西更神圣。它比人世间更神圣才有"不朽"、"不死"。神是不死的,诸神是 immortal,而自然和尘世的现象都是要死的、要消亡的。哲学就是研究那些神圣的东西、不死的东西,所以叫神学。

然而,问题从这里出来了。有人会问,神圣的东西(始基、根源)到底是什么东西呢?亚里士多德在《形而上学》里说,万物都是存在着的,"存在"是最普遍的属性,我们要研究存在中的存在性。万物都有各式各样的属性,那么"存在"到底有什么属性呢?事物最普遍的属性在哪里?你能不能拿出个"存在"来给我看看?经验科学拿不出一个普遍的"存在"来,只能拿出"人、手、足、刀、尺"等具体事物来,所以经验科学的对象不能成为哲学的对象。那么哲学的对象在哪里？

"存在"既是"普遍的"，那就是一个"概念"。"概念"是"思想"，于是，哲学的"对象"好像在思想里。但人们又会说，这个对象没有现实性，只是一个抽象的概念，是一种片面性，在思想里永远不能开显出来。的确，传统形而上学研究的对象都在思想里，没有现实性，不能开显出来，这就是康德意义上的本体（noumena）。noumena 在古希腊是"所思"的意思，它的字根为"努斯"（nous），也就是理解、理智。亚里士多德不赞成笼统地讲"无边无限"，认为总要找出"对象"来才能成为一门学科。这样，"无边无限"和"有边有限"就成了一对"对子"，处理好这一对"对子"的关系，就成为哲学的重要任务。所以，传统的形而上学也被归结到是 noumena 和 phenomena 的关系。

四、形而上学问题"真""假"之辩

noumena 是思想体、思想的对象，而不是现实的对象，因此是很片面的，康德干脆就宣称这些东西不可知，不构成知识。确实，在形而上学的传统里会有片面、抽象、僵化不变的问题，出现这些问题也不是偶然的，因为经验科学和形而上学有很深入的关系。那么，形而上学的问题还有没有意义呢？

有相当一部分哲学家认为传统形而上学提出来的问题是没有意义的，是假问题。这一派的代表有逻辑实证主义、分析学派中的一些人。比较早的是 G. E. 摩尔，他尖锐地批判了黑格尔的庞大的形而上学体系。后来罗素、维也纳学派，这些经验主义者都倾向于认为形而上学的问题是假问题,是没有意义的。这些人也并不是说形而上学的问题不值得思考和研究,他们所说的无意义是指在逻辑上不能证明,也没有经验可以证实、证伪。

他们其实继承了非常正宗的希腊传统。古代希腊思想蕴涵着这样一个意思:"理解了的生活才是有意义的生活",什么事情都要证明出来看才有意义。几何学—数学由直观可以感觉出来是正确的,比如"两点之间直线最短","两条平行线不相交或相交于无限"。但是希腊人说不行,几何学需要证明,要用严密的逻辑推理证明出来。几何学的测量技术起源于埃及,对于实用来说有直观就足够了,但是缺的环节是证明,而希腊人做了这个,于是"几何学"成为"科学"。希腊人就是有这股傻劲儿,这种精神对于哲学也有很深入的影响。

东方人讲的顿悟、感悟,不容易教授,但是逻辑演算是可以教的,可以一步一步推演出来。康德讲先天综合判断,"先天"(a priori)指"从前提推出来",没有这个就没有理论科学。从康德到黑格尔,从亚里士多德开始的哲学、形而上学,都贯穿了这个 a priori 推理的思路。a priori 在康德哲学里开始被改造成先验逻辑,但必须在经验的层面来运用它才成为"科学"。也就是说,a priori 是被允许运用到经验中去的,这一点,康德和休谟相反。休谟认为 a priori 的必然性,原则上是不能运用到感觉经验中去的。因而,经验的东西不可能是必然的,于是,休谟只承认数学和逻辑有必然性,而经验知识没有,只有"习惯"的"普遍性"。不过,从康德到黑格尔没有走休谟的路线,他们都坚持"知识—经验知识"有"必然性"做基础;只是康德更强调"知识"的"形式性",而黑格尔更强调"内容"。有经验就要承认偶然性。偶然性(也就是现实性)进入形而上学,形而上学才不是抽象的、片面的、僵化的和不变的。这时候，形而上学的体系才有辩证的精神，才有自身的否定。偶然性进去了，就全面了。辩证法讲全面，不是说有边和无边相对，实际上是说有边的东西里面就有无边，任何具体的东西都限制不住自己。我们以后会讲到存在、非存在和不存在同样都是存在。

至此，我们已经把形而上学的轮廓基本勾勒了出来。

五、形而上学问题的理解路径："原始反终"

提出形而上学问题是人类思想的一大飞跃，而在这个飞跃方面古代希腊人作出了楷模。并不是世界上所有的人在远古都能提出这样的问题，大部分人有现象就够了。生活于现象世界之中，生活于声色货利之中，应付日常生活的挑战，处理应对各种现实的问题，这已经够我们人类繁忙的了。尤其在远古的时候，要应付生活的挑战很不容易，没有闲暇来顾及在我们生活之外或者背后还隐藏着什么问题。所以，形而上学的问题被提出来（本质问题被提出来），对于人类的文化和精神文明来说是一件"大事情"（ereignis）。

形而上学的问题提出来了，人发现了真正的问题，发现了一个真成问题的问题。经验科学、形式科学的问题在提出来的时候就蕴含着得到一个非常明确的答案的可能，而形而上学的问题之所以"大"，就是因为它不预先设定任何答案。形而上学的问题在某种意义上说就是纯粹的问题、没有条件的问题、没有预设任何答案的问题。当然，我们说经验科学、形式科学里面也不断提出问题，但是它的答案在常规情况下是一步步地向前推进的；而形而上学在推进的过程中,却没有那样幸运,形而上学的问题永远回到它原始的零点,原始返终。它好像并没有通常意义上说的进步。并不见得德里达就比柏拉图进步多少,他本人也要老老实实地读柏拉图,不是把他作为历史知识,而是把他作为活的哲学家来对话,因为大家都在原始的零点——尽管他力图"解构"它。形而上学本身由于其问题的特殊性,诚如胡塞尔所说,都要"从零(头)开始"。

多年前,我有这样一个观念,认为研究哲学史有两种方法:一种是历史的研究,另一种是哲学的研究。大部分哲学史家都是在进行历史科学性的研究,也就是说科学性地研究哲学史。宗教研究也可以是科学性的,把某种宗教放到一定的历史环境下研究它的起源、作用、内容,这都是历史科学性的研究和经验的研究。哲学史也可以这样做。哲学的历史有两千多年,我们可以做哲学历史的研究,做科学性的研究,分析材料,整理归类,注释考据。西方早年的解释学就是解释《圣经》,它本身不一定是信仰性的,而可以是科学性的。海德格尔对希腊的研究是很专业的,但是搞古典研究的西方古典学家很少有人承认,没有人认为海德格尔在古典学领域有多大权威。海德格尔对 alētheia(真理)的解释把 a 和 lētheia 分开来——"不""埋没"。海德格尔的真理就是"去蔽",把隐蔽揭开。但古典学家说他不对,alētheia 这个词不能分开,这里的"a"不作否定解。据说,在典籍里只有一处海德格尔的解释勉强可以说得通,其他地方都不对。在柏拉图的问题上,在怎么解释真理、真实的问题上,古典学也有它自己的考据。

做哲学史也有像黑格尔(《哲学史讲演录》)那样的。黑格尔的哲学史有自己的系统和想法,他是从哲学来研究、整理哲学史的。新康德主义这一批人讲人文主义、人类学,也讲历史。从哲学角度讲哲学史,哲学史就是哲学,哲学就是哲学史。所以,我们研究哲学不能脱离开研究哲学史。

但是另一方面,科学性地研究哲学史的著作虽然对我们有很大的参考作用,却不能代替我们理解柏拉图和亚里士多德。为什么呢?哲学史知识犹如给你一幅地图和一个门牌,而那个地方你必须自己去才能登堂入室。哲学在这方面有点像艺术和宗教。所有的哲学史著作代替不了你去读原著,所有的艺术理论、艺术史也代替不了你去欣赏艺术作品。形而上学有自身问题的特殊性——对于本质和现象的关系的探索,而每一位大哲学家的阐述都包括了对这个问题进行思考的总体的历史,否则就是抽象的、不够深入的。正因为大哲学家都能贯通古今地思考问题,遂使后生学子不必"皓首穷经"而钻研几位大家的原著就能登堂入室。

只有在积累了各家对哲学问题的思考以后,我们对于哲学才有话可说。对于形而上的问题,不能指望像做经验科学那样一步一步解决问题,而要像滚雪球那样滚。怎么个滚法?读那些历史上的书,翻来覆去,原始返终,不断地回到零点重新思考问题,这样慢慢你的雪球就会越滚越大。

形而上学最基本的问题就是零的问题、原始的问题。问题回到原始,可能是最先进的、最尖锐的。我们为什么把德里达称做前卫的(advanced)哲学家?就是因为他了解苏格拉底、柏拉图,他的背景也有康德和黑格尔,既从最基本的问题开始思考,又是最前卫的。这就是哲学的特点,最基本的就是最前卫的。你抓住一些细节问题,反倒既不原始也不前卫,既不本原也不先进。哲学居于中游就既不"原创(始)"也不"先进"。"平庸"永不会成为"哲学"。哲学是追根寻源。形而上总体的问题就是零点问题、原始问题、本原问题、本真问题。

六、形而上学的三大分支

形而上学这门学科包括下面几个分支：存在论、知识论、价值论。这三个部分都属于形而上学，都是从哲学这个角度来谈的。其他各种各样的分类，比如自然观、社会观、历史观、艺术观等，这些分类也都有它的理由。亚里士多德的分类中有逻辑学，我们没把逻辑学放进去是因为它是一个总体，所有的学问都要依靠逻辑学。通常会把哲学分为两大块：存在论和知识论。但按照我现在的理解，我把20世纪法国哲学比较激进的意思列成一个价值论。价值论的核心基本上是伦理学，而和列维纳斯不很相同的，我认为伦理学附着在知识论或者存在论里面还是有道理的。把价值论单列出来是考虑到近一百年来在社会生活的发展中它的问题比较突出，而且它也的确有自己的系统。

把三部分这么列出来并不意味着它们在哲学里是各不相干的独立学科，它们都属于哲学，都是从哲学的角度来考虑问题的。在哲学史上，存在与知识的同一一直是哲学家所致力的问题。以前，大家认为康德是把知识论和存在论分开，康德只讲知识论，但随着思考问题的参考系统多了，我们发现他也不完全是这样。他对于 ontology 和 epistemology 也讲在经验知识层面的同一关系。这个同一性是经典哲学所坚持的一个原则。

价值论同样是和知识论、存在论同一的，而不可以在哲学中单独拿出来说。这三者问题的侧面可以不一样，但都是属于本质，或者说本真、真。真、善、美在形态上当然是有区别的,但是没有那么简单,并没有一个脱离开存在论和知识论的价值论,并没有一个脱离开真理和本真的善。ontology(being)、epistemology(knowledge)、axiology(value),这传统的三个词都是希腊文。这三个部分就我们形而上学来说方方面面都有,从理论上来说也概括了形而上的本真、本质、本原这样一些问题。

参考书目

(古希腊)亚里士多德.形而上学

(德)康德.判断力批判.导论

(德)黑格尔.精神现象学.序言:论科学认识

第五讲 何谓"存在"？——传统存在论（上）

一、存在论的基础："只有存在可知"

今天给大家介绍 ontology（存在论、本体论、存有论）。我们回到零点、远古和原始的地方，它同样是希腊人提出来的。ontology 这个词用得比较晚，但问题的提出却很早，而在巴门尼德那里提得最为尖锐和清楚。黑格尔甚至认为哲学是从巴门尼德开始的，这当然有点武断。我们大家都知道西方哲学的开始是泰勒斯，但是本体论、思考存在问题，的确是从巴门尼德开始的。

当年希腊人提出了一个问题，这个问题实际上人人都能碰上，但并不是人人都能提出来的。不过，这个问题一旦提出来，就谁也摆脱不了。一个基本的实际情况是，这个现象界头绪万千、瞬息万变。那么，人能抓住什么？人能理解什么？因此，希腊的哲学家就区分变的东西与不变的东西（恒的东西）。只有不变的东西才能抓住，别的都是过眼云烟。希腊人提出的这个问题其实是有关人类生存的一个迫切问题。人无以为家，随波逐流，你如何"说"这个世界？当你"说"的时候，这个世界已经"变"了。沧海桑田的变化是抓不住的。

希腊人有一个有名的芝诺悖论，其一为"飞矢不动"。既曰"飞矢"，明明是"动"的，但如何"证明"这个"动"？他们讲求理解、证明，要证明这个"动"。芝诺悖论一直到现在还是问题，有人说就跟电影的镜头一样，分开来看是点，因为胶片速度太快就连成一片了，但这只是一个现象的解释。怎样论证和证明从 A 点走到 B 点呢？希腊人就要寻找这个道理，你说在动，实际上它没动。这就是我们哲学从希腊开始的一个非常严厉的问题："好像在动，但实际没动。"你需要在道理上证明它动，却证明不出来。这就说明，感觉到的东西不一定是真的。因此，感觉到的东西就不是那个本质。本质不是感觉世界的，不是那个"似乎"的世界。过去巴门尼德被批评为形而上学的祖师爷，现在看来问题不那么简单。后人包括黑格尔、海德格尔都这么推崇他不是没有道理的。古人留下来的东西很少，只有些残篇，巴门尼德的残篇下面分两个部分：真理之路和意见之路。世人都把变的东西当成了本质的东西，把"似乎"当成"真"。现在我们哲学要问的是实实在在的东西，要问 it is，实际是什么。

感觉的东西瞬息万变，而巴门尼德的问题、哲学里面想的问题恰恰是那些可以理解、可以知道、可以把握的问题（being）。在这里，在某种意义上说，与康德相反，表象是不可知的、不可理解的，只有那个本质才是真正可以知道的、实际可以理解的。什么叫"知道"？知识不是意见，意思是表面知道，实际上不知道。真正能知道的是那个本质，所以它叫做真理之路。这里不是强调认知的过程，而是强调它是真实的、实实在在的东西。平常的人认为感觉的东西才是真实的,实际上只有理解了的、把握了的才是真实的,才是实实在在的。你只能知道存在的东西,不能知道不存在的东西,而感觉的东西往往可以"不存在";只有理解了、证明了的东西才不可以不存在。"只有存在可知"这个思想绝对不能被忽视,它奠定了一切科学的基础。

只有 being 可知。海德格尔说一切科学都是以 being 为对象,而不是以 non-being 为对象。一切科学不以"无"为对象。反过来再看巴门尼德,我们发现他早就说到了这层意思,只不过是后人没有体会出来。而海德格尔是从另外一个思路出发和这个问题相遇的,这也是海德格尔如此重视巴门尼德的原因。所以,being 恰恰是可知、可理解、可以把握的对象。一切知识的对象都是存在。瞬息万变的感觉世界、纯粹感觉材料的东西不可能作为科学的对象,这个思路两千年后到了休谟和康德那里同样是这个意思,无非是想得更深入,视角不同,而且更细节化了而已。

我们应该把 being 和 beings 分开来(巴门尼德也注意到了这个问题),可思的、可认知的就是那个 being。这个思想奠定下来,才有亚里士多德后来庞大的体系,才要研究各种变化多端的现象世界中恒定的东西。只有恒定的东西才能用概念、判断、推理去把握而成为一个科学体系。可知的必定是存在,存在必是可知、可理解的。在这个意义上,哲学的另一个大命题——思维与存在的同一性出来了。这也是巴门尼德定下的基调。可以理解的、可以认知的,与存在那个东西是一致的。按常识来说,它们在纯粹感觉的意义上的确不同一,思想是思想,感觉是感觉;但是从可理解就是存在的、存在的就是可以理解的这个角度来说,它们就是同一的。巴门尼德在历史上奠定了存在论的基础,这是我们哲学里面的一个奠基性工作。许多命题都可以从思维与存在命题的同一性中推导出来,而且越推越深入。

希腊人有一个很坚定的信念:"无"中不能生"有",世界都是"有"的变化。这个思路恰恰是希腊人观念的哲学化,有就是有,无就是无。感觉世界是变化多端的,是一个不存在的世界,是一个无的世界;而有的世界、存在与可理解的世界、可知的世界是同一个世界。凡是存在的世界都是可知的,可知的世界就是存在的世界,这是"无中不能生有"的希腊传统观念的升华和哲学化。这个思路奠定了西方 ontology 的基础,一直可以讲到海德格尔。

这门课要从存在论、知识论、价值论三个方面介绍哲学的基本范围。有的同学问,哲学跟别的学科、文化部门的关系是什么呢?怎么在这三块里面讲到有关学科的关系呢?

在存在论里面,我们讲哲学和艺术的关系、实与虚的关系。在知识论里面,我们讲科学,讲科学对世界是一种什么样的把握方式。在价值论里面我们讲宗教,而这个宗教在严格意义上说是基督教或犹太教,而不是其他的包括希腊神话、中国的佛教、伊斯兰教,等等——这些暂时不涉及。我们研究的基本意思是说,基督教在哲学上的理路不仅要通过存在论、知识论来理解、阐述,而且要通过伦理、道德、价值这些观念来阐发。

存在论是最难的题目,争论多,非常难于说清楚。我在这里说的也只是自己的一些体会和看法,不一定很周延。显然,ontology 所论不大容易理解为一般日常意义上的客观实在、客观对象和世界,但跟这些又不是无关,只是这些眼见为实的东西和哲学里讲的存在不大一样,否则人类从古希腊开始直到现在思考的问题难道就那么简单吗?当然,海德格尔说哲学的确是很简单的,在某种意义上说，就因为它太简单了，所以很难理解。正因为大家习惯于复杂性思维，简单的东西反而不好懂了，忘了。而我们日常经验里所谓的存在在哲学意义上来说恰恰是比较复杂的，它的分子结构、物质形态都是很高深的学问，对于它们的研究，不是我们哲学家所能胜任的。但是，眼前的东西总是不断变化的，那么，什么是存在的的呢？什么是不存在的呢？我们哲学就是要在这些感觉方面不断变幻的现象之中看看有没有一个本质的、实实在在的东西。

存在这个概念是灵活的，怎么理解它又是变化又是存在的呢？这是哲学几千年来思考的问题。前面我们主要讲的是它最初的形态。在巴门尼德那里，一个最主要的想法是，一切存在的和一切思想的是同一的，也就是思维和存在的同一性。这种同一性和我们的感觉不一样，巴门尼德没有说感觉到的就是存在的，这是后来贝克莱才提出的。古代希腊最早迸发出来的思想是：可以理解、可以思想的是存在。

我们强调，一切存在都是可以被理解、被思想的，而可以理解和思想的都是存在的。这就意味着不存在、非存在是不可理解的，不可理解的东西是不存在的。这是形而上学一直到德国古典哲学最基本的原则。黑格尔说，精神从经验的世界进入一个本质的世界，所以把思想与存在同一起来，知识不以不存在为对象，一切科学和知识都以存在、"有"为对象。一直到海德格尔都是这个意思。希腊作为科学性思想的发源地，哲学也是从这个思想中生发出来的。

存在论是最基本的，一直到现在还是如此。维特根斯坦说过，别的都好理解，只有世界为什么存在太神秘。而现在看来，形而上学恰恰是要破除掉那个神秘的东西，要理解那个存在，而"不存在"

反倒很神秘。巴门尼德在那么早的时候就定下了只有存在、being 可以理解。希腊人崇尚的理念是只有可理解的生活才是真正的、高尚的生活,所以不满足于感觉和直观,和我们东方人不太一样。当然我们也有自己的长处,中国人强调直观、直悟,与希腊人讲求证明、理解的思路不一样,我们有我们自己的境界。但是,哲学作为一门学科大传统来自希腊,所以中国人学习哲学还是要从希腊的思路出发,也就是面对存在——巴门尼德定下的、黑格尔认准的存在。

ontology 作为哲学的一个中心,意义非常重大。按理说,黑格尔是一个理念主义者,应该强调柏拉图,但是他确定哲学的起源在巴门尼德。这值得我们思考。这就是说从巴门尼德那里也能出来柏拉图的思路。柏拉图的 ideas 就是真的、实在的存在,是一个 model,不是经验世界里的,而是本体世界、本质世界里的东西。

二、作为"实体"的存在

哲学反复思考一般人认为不是问题的问题。真正要具体深入存在论的题目,需要大家从哲学史细致地研究。在历史上,讲存在论(ontology)比较多的,而且把它定为第一哲学内容的是亚里士多德。他讲 being,比巴门尼德要丰富、细致。在他的《形而上学》这部著作中,有很多关于存在的阐述。对于存在,他有个经典的说法,就是"being as being"(存在作为存在)。该如何理解亚里士多德的这个说法呢?

物质有很多属性,亚里士多德提出四因说——质料、形式、动力和目的。在亚里士多德以前,人们常常把属性和具体物质联系在一起,这个事物的性质就是它的存在方式:水作为水,气作为气。这个事物之所以成为这个事物是由其本质属性决定的。那么,最普遍的本质属性是什么呢?最普遍的本质属性就是"存在"。"being as being"这个存在不是通常意义上的属性,而是最普遍一般的方式。它不是一个具体的属性(红、黄、硬等),而是先有它,然后才有下一步去研究具体是什么样的性质。它有诸种属性,但是把各种属性加在一起的并不是 being,并不是把"方"、"硬"、"有脚"等加在一起,就成了"桌子","桌子"就"存在"了。那么,到底如何理解这个 being 呢?

亚里士多德并没有说得那么清楚。后人研究《形而上学》的时候说,亚里士多德的 being as being 是从"实体"(substance)的角度来理解的。从希腊语词源来说,它们都来源于动词"是",拉丁文译成"substance"则有另外的词源。在亚里士多德那里,substance 在《范畴篇》和《形而上学》中各有一个意思,但无论哪种意思里面都有一条"实实在在"的意思;而如果把"存在"当成一般的属性,则 being 很容易就变成一个概念,变成一个抽象的东西。但"存在"恰恰是最不能是"抽象"的,ontology 要是走到抽象这一步就走进死胡同了,就变成抽象概念论了。所以,亚里士多德强调 being 就是 substance,而 substance 就是一个东西、一个单元、一个事物、单独和个别(individuality)。从这里我们知道,being 与 substance 在哲学史上是纠缠在一起的,而这是后来海德格尔所不赞成的。

古代强调 being 是 substance,是为了防止它成为一个抽象的概念。being 来源于动词"是",这其中有一个语言的背景。"是"在古希腊语言中有多层的作用,一方面是后来的连系动词,一方面它又是存在动词，还可以表示数学里面的等号。中文翻译成"是"，但是古代汉语中没有这个概念，据王力考证"是"是宋以后才有的。中国古代没有"是"，所以中国没有巴门尼德这样的人，也不大可能在很古老的时候就有ontology。而古希腊有了这个词就有了问题，就要动脑子："是什么"（what）。为了理解起见，能不能设想"什么也不是"的"是"，没有后面的"什么"？古代的宇宙论提出的问题是"世界是什么"，问的是"什么"，而现在ontology考虑的似乎是什么都不是的"是"，考虑在问"是什么"之前我们是否还要问一个"什么是'是'"。但是有一个问题，如果问"什么是'是'"，前面也需要一个"什么"。"什么"如果不在前面，being就变成了一个单纯的系词，而不是存在动词。单纯系词在亚里士多德那里是可以省略的，有些语言（俄语、古汉语）中也常可省略，我们似不宜把哲学存在论理解为可以省略掉的。

"是什么"这个思路也可以从胡塞尔那里来理解。胡塞尔说，想总要想点儿什么，说总要说点儿什么，没有"什么"的想和说是不可理解的。所以一定要有"什么"，什么也不是的"是"意味着一个非常重要的"什么"、非常根本的"什么"。也就是说，它恰恰不把"是"为连系动词作为哲学的归宿。这个"what"不做宾词，不是放在"是"后面，而是放在"是"前面。西方语言里的what is/it is是肯定句，可以自己有句号，这个句号就是说它存在。也就是说，它等价于what exists/some exist(s)。

现在的问题是，没有being的what怎么理解？没有"是"的"什么"就成了一个抽象的概念，没有根，与有无、存在没有关系。所以，我们固然很清楚地把"是"和"什么"分开考虑，而为存在论找出了一条早于知识论的理解道路，但是不能把"什么"全部抛掉。

"是"不能没有"什么","什么"与"是"不能分。因此,胡塞尔的话又重新有它重要的意义。"是总要是个(些)什么",在形而上的意义上,不能理解没有"什么"的"是"。说"是"必然有"什么",否则它就是一个概念符号和语词。为避免"什么"成为一个抽象的概念,无根的、想象的产品,我们在说到"什么"的时候一定要说到"是"。"什么"是"存在","存在"同样意味着"什么"。

真正的存在论不能变成抽象概念。substance 在亚里士多德原始的意义上是可感的、sensible、esthetic。它不是抽象概念,而是实实在在的,所以翻译成"实体"。它不是思想里的东西,不是康德意义上的"思想体"。substance 就是一个具体的东西,可以和别的东西分开来。只有有了 substance,才能谈到具体属性。

三、作为"主体"的存在

黑格尔有一句非常著名的话:"绝对(absolute)不仅仅是要当做实体来理解,而且要当做主体来理解。"主体就是主词(subject)。要从主词这个角度来理解,我们要问的不是"这是什么",而是"什么在"、what is。对于 what is、table is、man is,西方人能马上理解,但是在汉语里就不大好说。存在动词对于 substance 来说就足够了。所以,我们把 what 作为主词来理解是有哲学史根据的,起码黑格尔有这样的想法。但是黑格尔的重点并不完全在这里。他强调实体是主体,也就是说"实体"可以开显自己。这就是黑格尔的存在论一整套想法的开端。存在论从巴门尼德开端,从 being、exist 开端,从存在开端,而这个开端黑格尔理解成"主体"。因为主体是能动的，substance 乃是能动的。

黑格尔认为巴门尼德非常伟大，第一个说出世界的 being，但是这样一个 being 还是比较空洞和抽象的。因此，把 being 当成一个抽象的概念也有它历史的原因。存在论、本体论在最早的状态中比较贫乏，没有什么内容，所以黑格尔说"最初的存在和不存在是一个意思"，它不丰满，没有开显出来。要不断丰满，不断开显，就要动起来。怎么动呢？动是客观的，不是主观的意志，而是客观历史的必然。如果存在是抽象的，抽象的"桌子"概念并不"存在"，说它"有"和"没有"都能说得通。黑格尔看到这一点，说 being 要当成一个抽象的概念来理解，being 就等于非 being，这是非常深刻的。所以，他说绝对就是实体，实体就是主体，主体有能动性，就要自己开显自己的内容。终点的存在与起始的存在是同一个存在，但不是同一个内容。

只说 being as being 并不够，因为始基尽善但并不尽美，是未完成的。应该怎么完成呢？黑格尔把否定的因素加入其中。physics 的生长就是否定："果实出来了，花被否定了。"任何事情都一样，比如说一个人生下来，他已是"人"，但我们没理由问一个婴儿"他是什么人"。这个"什么"还有待"开显"。所以萨特说，"是什么人"，要看他"做""什么"。"开显"也是"否定"，"成人""否定"了"婴孩"。这个 substance、存在、主体开显自己，一步步向前，然后否定之否定，又回到自己、回到自身。这个时候的存在和 being 就不是一个抽象的东西，这个时候的 substance 就是真正的、真理的、坚实的、实实在在的存在。

柏拉图的 ideas 如果只停留在"思想里，则很难说是完成了的，它们只是一个模型"，而亚里士多德的 being 是实际的、有界限的，是有限的真实存在。以前我们说过,无限这个概念在哲学里恰恰不是想象的产物,而是思想、思考、理智、推理和科学的产物,它是有理路的。亚里士多德强调 being as being,就一定要强调有边、有界限。在他那里,substance 的意思就是可分辨的界限,而不是囫囵吞枣和模糊的东西。黑格尔也十分强调有界限的 substance,强调 being 要有具体的内容而不能是一个抽象的概念。这个 being 无论起源也好,终结也好,始终是界限、限度。哲学里的无限恰恰是有限里面的无限。哲学史里有把 being 变成抽象概念的一种趋向,但实际上 being 是有限的。

在抽象、没有内容的意义上,存在就是非存在。存在与非存在(non-being)相对应,但不是僵硬地对立起来的,在黑格尔那里已经有了这个意思。在他那里,"有"和"无"、存在与非存在不断地转化,不断地"变"。他说真理是一个"全",只有通过"变",走过全过程,回到自身,这个 being 才是真实的、实在的、有内涵的。而这个过程,黑格尔要把它作为哲学这门学问的体系,将其逻辑化。也许,实际上这个过程是不可能完全逻辑化的。康德和黑格尔的时代要改造形式逻辑,使逻辑学克服形式化、抽象化的缺点,这很重要,但是并不意味着把一些逻辑学的内容加入到形而上学中,形而上学就科学了。这是黑格尔的一个问题。

黑格尔的"变"是一个过程,是一个逻辑性的变。然而,变必须要有条件,要在时间和空间里,所以存在论不可避免地要涉及时间和空间问题,因为它们都是界限。Substance 是一个 unit,它同时占有时间和空间,而因为几何学的发达,古代的存在论对于空间问题想得比较多,对于时间问题则归之于"天(文)学"——季节的运转被作为时间的一个尺度,时间被空间化。

存在在时空之中。时间问题是19世纪和20世纪考虑得非常深入的一个问题。把时间问题引入到存在论中,开显出了存在论的另外一个界面。或者说,经过原始返终后,这个being又回到了古代最扎实的基地,但是它的内容大大地丰富了。存在论自身的发展说明"存在"作为一个substance,它的历史是自我肯定和自我否定。把时间问题引进来,原始返终,这个being就是确确实实的substance,非常丰满且有具体的内容。变革的关键在于对时间深入的考察。这个功劳不仅仅属于海德格尔一个人,还属于其他一些人,包括柏格森和意大利的哲学家。

参考书目

(古希腊)亚里士多德. 形而上学

(德)海德格尔. 存在与时间

第六讲　如何"存在"？——传统存在论（下）

我们继续讲存在论、本体论。上一讲我们介绍了本体论的一些基本问题，也谈到时间进入本体，从时间这个视角去理解本体和存在，使得存在论发生了很大的变化。就哲学史言，我们看到，时间与存在的关系一直被掩盖着。意识到时间问题与存在论有内在的联系经过了很长一段历史的发展，是在许多人思考这个问题以后才迸发、开显出来的。那么，在时间没有进入存在论之前，存在论经过了什么样的思考？它碰到了哪些难题需要突破呢？

一、柏拉图的理念论与亚里士多德的实在论

前一讲说过，亚里士多德把形而上学、第一哲学问题定为"存在作为存在"，存在论的问题算是很明确地提出来了。这里首先遇到的一个问题是，亚里士多德讲存在不是属性，而是一个实体。那么我们就要问，是不是只有一个个可以感觉的东西（individuality）才存在？一般、普遍的东西存在不存在？我们很直觉地就想到，存

在一定是一个个别、个体的东西。个体有属性，比如说这张桌子是黄色的、木头做的。那么，这个"黄色"、"木头"存在不存在？这张桌子存在，那么"桌子"存在不存在？也就是说，一般的东西、普遍的属性（generality）是否存在？这个问题一直贯穿着存在论的历史。

实际上，这个问题在古希腊柏拉图那里就已经被很尖锐地提出来了，而柏拉图主义一直到19世纪、20世纪说的同样是这个问题。他们的意思是说，你不要以为个别的东西好像是实实在在的，实际上它不如那个普遍的东西实在。柏拉图讲理念论。理念论意味着，就存在来说，成问题的不是普遍性的东西，而恰恰是那个别的东西。普遍的东西更本质、更重要，或更加原始于个别的东西，而个别的东西是这个普遍、一般东西的模仿、摹本或"流行"。所以，真正的存在是那些个ideas，而不是那些个个别的东西。这样一来，理念在事物之先，在个别的具体的事物之先。这样一个思路暗示着一般的东西比个别的东西更实在，比个别的东西更有被判断为存在的资格。

根据这个思路推导下去，个别的东西一个个抽象为一个理念，这个理念是实在的。今天的桌子明天可能会变成碎木头。这是一种变，是从存在向非存在的转化。但是，无论个别的东西如何转化，关于桌子的理念不变，总有一个关于桌子的理念存在。古代某些智者认为，只有感觉到的东西才是最实在的，到了柏拉图这里就颠倒过来了。所以，柏拉图是最早讲本质和现象之区别的大哲学家。

大千世界不断在变，"今是而昨非"，"沧海桑田"。日月山川，古代所有伟大的人物、建筑和事业，都可以问一句"而今安在乎"。

古代柏拉图想的就是这个问题。现象和本质的距离很大,现象总是在变。就哲学来说,"变"不仅仅是物质形态的转换,而且是有无、存在和非存在这样一种转换。哲学问存在怎么理解,也要问非存在怎么理解,而这样才能理解"变"。也许就是因为看到古希腊社会各方面变得太快,所以柏拉图提出大千世界如过眼云烟,但是其理念不变,由此推出一个最高的理念——善(完成、合目的、好)。而这个最高的理念就个别的东西来说是没有完全符合它的,对于十全十美、尽善尽美来说都谈不到。理念就是那个最高的善、至善。最高的理念、至善永恒不变,是至高的存在。

从柏拉图的这个思路出发,我们可以倒过来思考。你不能否认个别、可感的东西是实实在在的,那么是否可以反过来说,这个个别实在是实在的,而那个理念却是不存在的?也就是说,所有个别的东西都不可能完全符合那个理念,模仿的东西都代替不了那个原来的东西,这样,那个原始的理念就是理想性的而不是实在性的。首先扭转这个思路的是亚里士多德,他提出"存在作为存在",就是说那个 ideas 不存在,存在之所以能存在是因为那个存在,而不是那个非存在。所以有人说,柏拉图和亚里士多德,一个是理想主义者,一个是实在主义者、折中主义者。从亚里士多德那时起,才渐渐生出 ontology 来。柏拉图当然也讲存在问题,但他强调的是理念,是本体,是思想体,而理念论和实在论这两个方面不同角度的对立是哲学史上一直贯穿下来的。

二、中世纪的唯实论与唯名论

这种不同思路的发展,在哲学史上出现了另一对立的学说,那就是中世纪的唯实论(realism)和唯名论(nominalism)之争,他们对存在问题想出了另外的不同的理路。唯实论认为普遍的东西、普遍性同样是实实在在的存在,而唯名论则认为那个普遍的东西实际上就只是一个名字、名称,并不是实际的东西。这两派在中世纪的后期经院哲学那里有很大的争论和很深远的影响,一直影响到近代。唯名论关于"命名"这样一个思路影响到以后的逻辑分析、语言分析,而唯实论认为那个"命名"的东西、普遍的名字也同样有存在性。

当前的分析系统,包括像奎因(Quine)这些逻辑学家和分析学家同样也要考虑普遍名词有没有实在性,在语言系统里怎样理解being的问题,他为消解、破除"本体论承诺"、"还原论"所作的努力,应受到更多的重视。逻辑经验主义一开始排斥形而上学,但随着研究思路的推进和发展发现这个问题不能一下子去掉,清除得太干净也不行。"威廉·奥康的剃刀"讲的就是把无关紧要的东西、实体都剃掉。于是,胡塞尔就问,把所有的东西都剃掉后剩下什么呢?把现象去掉还可以有本质,但如果把本质和现象全都去掉,剩下什么呢?就剩下语言逻辑问题和一个孤零零的"是",一个没有内容的系动词了。胡塞尔的意思是说,把现象剃掉后留下的应该是有内容的"是",而不是形式上的、语言学和逻辑上的"是"。

所以,我们哲学还是要问那个being是"什么"。这个"什么"不可去掉,而恰恰是唯实论的核心。如果我们研究 ontology 而不允许问 being 是什么,那么我们研究的 ontology 是什么呢? 不能问 being,把 on 去掉,就剩下一个 logic,那我们哲学就变成单纯形式的逻辑学了。欧洲哲学问的恰恰就是 onto、on 和 being 是什么。这里面的关键问题是,柏拉图提出的 ideas 怎么会变成 beings? 也就是在亚里士多德那里,理念怎会变成 being as being 的问题。

三、思维与存在的同一性:从巴门尼德到笛卡儿

ideas 属于"思"。"思想"怎么会存在? 这就又回到巴门尼德思维与存在的同一性问题。这是哲学里绕不过去的问题,除非你把哲学做成纯形式的。哲学的内容非常复杂,就因为这个"什么"有两层意思:一层是存在论的意思,一层是经验论的意思。与其抓住无时无刻不在变化的世界,还不如抓住永恒不变的形式问题、逻辑问题、数学问题和语言问题,这里的心态似乎犹如杜威所说的"确定性的寻求"。要找到安身立命的地方,否则无以为家。我们哲学在存在论问题上很难突破的就是这个"什么",因为现象和本质分开来了,这个本质就是存在,而不能把现象和本质的"什么"统统都剃掉。这把剃刀一直到胡塞尔还在用,但是我们用的时候需要非常慎重。

这样,我们就对柏拉图和亚里士多德奠定下来的"什么是 being"的问题有了一个比较深入、可以进一步探索的基地。我们哲学就是要问"什么是 being",为什么思想的东西与存在的东西具有同一性,为什么 ideas 是 being,而且是比那些过眼云烟、朝是夕非的

东西还要实在的being。这是存在论里面最主要的命题,这个命题同样也是知识论的重要问题和价值论的基本问题,因此,它是形而上学的一个根本问题。

观念的东西、理念在哪里?理念不是在脑子里。哲学问的理念恰恰是实实在在的,是实在的现实和真实的东西、实体的东西(亚里士多德意义上的substance)。理念是一种思想、概念,在柏拉图的意义上,甚至只有理念才是实实在在的在。也就是说,只有那个概念的东西才是实在。概念存在,于是就有了近代思想。

西方人认为,近代思想起源于笛卡儿。大家认为他是怀疑论者,他质疑感性存在的真实性,于是,人如何理解这个存在就成了问题,在知识论上真理成了问题,在存在论上存在成了问题。他有一句名言"我思故我在"(cogito,ergo sum),这句话后来被认为是奠定了近代(modern age)哲学的基础,开创了一条具有深远影响的道路。所有的存在都可以变成非存在,都可以被质疑,但只有一件事情是不能怀疑的,那就是我在思考、我想、我问问题和我怀疑本身不受怀疑,否则就会自相矛盾。

这种质疑到底的精神是希腊的精神,眼见不一定为实。witness在法律上可以,但是哲学的理路是要证明、推论,这是古希腊定下来的铁律。所以,仅仅有evidence就我们哲学来说是不够的,我们必须讲demonstration(演示、推论、证明)。那么,如果我们把这个"我"剃掉,剩下"思故在"(thinking,因此being),"思"与"在"就同一了。巴门尼德没有用"我"来证明思与在的关系,而笛卡儿用"我思"证明、推论"我在",他的一个表现和特点就是,"主体性"的原则出来了。这里的"主体",或可理解为"思考"。在笛卡儿,我们或可不问"思"之"所思"为"什么",这个"所思"的"内容"—"什么"可以"剃掉",但剩下这个"思"—"思考""剃不掉",于是"思—思考—主体"必(然)"(存)在"。"思考"—"在者"为一。

四、思维与存在的二元论：康德

笛卡儿的证明非常了不起,但是对此也有批评。其中批评得最厉害的一个人是康德。康德认为这个证明有问题,他说"我思故我在"这个证明不能成立,不能用"思"来证明"存在","存在"必定要有"直观",而"思维"只有"概念"。就科学知识来说,它的对象就是这个可以感觉的现象界,而思是主体的,是跟现象界相对应的一个领域。现象的领域和思想的领域不是一个领域,法律和权利都不一样,你何以有权用这个领域里的东西来证明另一个领域里的东西呢？存在只是科学的对象,和"思"不是一回事,它们的规则和规律不一样,所以拿思想来推论、证明存在,犯了"种类上的错误"。当然,康德的批评和他自己的整个哲学取向有关。康德的 being 是经验的、现象的,他认为我们所说的大千世界是可以作为知识对象的。

康德的意义在于把"存在"当做知识和科学的对象。"存在"怎么能成为科学的对象呢？这就涉及了时间、空间问题。康德认为,存在（being）一定在时空中,经验科学的对象在时空中,所以科学不是研究"绝对"、"大全"、"神"这类无边无沿的东西,科学的对象就是时空中的存在。而"思"或是天马行空,或是只剩下"形式"规则,皆不在时空之中,不能用不在时空中的东西来推论和证明在时空中的东西,所以笛卡儿的证明就有了问题。

康德全部的哲学思想就是在划清理性的合法领域。他讲的本体和我们现在所讲的本体论(ontology)不一样。他的本体是 nou-mena,是思想体或被思想的东西,而不是感觉经验中实在的东西。"在时空中"把存在和时间、空间、具体性统一到一起,讲到存在必定有时空,也就是有限定的、有边界的。时空中的存在是可知的、可认识的,是科学知识的对象,原则上可以用科学的方式去认知和把握。而康德意义上的思想体是超时空的,那个思想的东西只能是可思,只在思想里,不在现实的时空之中。

但是,康德也留下了没有解决的问题,他的思想首先遭到了黑格尔的批评。黑格尔说,不宜把作为科学对象的存在和作为思想的东西截然分割开来。"存在"有两层意思:一个是现象界的事物(在时空中),也就是康德所谓的表象世界;另一个是思想性的存在。这两层意思是统一的。在康德的意义上,本体就是思想体,可以思想的东西不在时空当中,本体不在时空之中。这就回到了当年唯名论、唯实论和柏拉图的问题上。ideas 不在现实世界中,它就在思想里面,那么这个可以思想的东西是什么呢?它成了抽象的概念,成了抽象的、没有内容的东西,所以,这样一个思想体很容易变成形式的东西。

康德的形式主义倾向被黑格尔抓住了。固然,康德在知识论里力图把形式和内容结合起来,但他的二元论思想阻止了他把这种有意义的结合精神贯彻到底:在康德哲学中,知性是有现实内容的,而理性则仅仅是思想的。理念在现实世界中找不到它的原型,原型在思想里。二元论的关键在于它把思想与存在分裂了,把可以认识的与可以思想的割裂开来,思维与存在不同一了。黑格尔抓住康德这个问题,又回到笛卡儿的命题:唯有思证明在,唯有概念是确确实实存在的。同时,这又回到了柏拉图概念。但黑格尔的概念是很丰富的,与柏拉图的又不一样。这个概念是无限的、矛盾的、思辨的概念。这个概念也是绝对的,是具体的东西里面蕴含无限的东西。概念本身是有界限的、具体的、实在的,而概念本身又蕴含着矛盾、变化和发展,如此,这个概念才是真正实在的。由此,黑格尔就把康德这两块领地——可思想的与可认知的统一起来了。

留下一个问题给大家思考:康德对科学对象、时空之中的存在的理解是不是也是可以质疑的?康德的问题不仅出在对"存在"的理解限于"现象",而且还出在对于他所强调的存在之"时空"观念,其理解还不够。他的"时空"限于经验的感性存在,限于经验知识的"对象",而拒斥它们进入他的"本体—思想体"。所以,才有后来海德格尔的工作。

参考书目

(德)黑格尔.哲学史讲演录.第一卷

(德)海德格尔.形而上学导论

第七讲　传统存在论向现代存在论过渡

前面我们讲到存在的形式,存在不是一个抽象概念,而是一个具体的东西。我们还介绍过中世纪的唯名论和唯实论,现在我们的任务就是要努力超越他们的争论来理解存在。为此,我们正一步步地逼近让时间进入存在。

一、"存在在时空之中"

哲学追问现象背后的东西,追问为什么感觉的东西不可靠,而理性的东西反而更值得我们追求,为什么感觉的东西不是真的(real),离开了感觉又谈不到实体(substance)。由此,矛盾就出来了,变得不好理解了。

过去我们研究希腊哲学史,觉得希腊的哲学思想是由个别到一般,比如从水、气、"四根"、种子等抽象上升到柏拉图的理念。其实,在米利都学派第二位的阿那克西曼德那里就有了普遍概念"无定(限)"(apeiron)。所以,从个别到一般这样的途径概括不了希腊的思想。但是,经验的概念确实都是从具体的东西中抽象概括出来的,所以才成为概念。感性的东西不是真实的,"存"不住,能存住的是那个概念。那么"概念""在"不在呢?

问题分为两个方面。第一个方面的问题是,概念(话、语言、思想)、理性的东西怎么存在?有一派哲学家认为它们只是交往的符号,而海德格尔说"语言是存在的家"。这个思路推导下来,恰恰是说只有概念才能存在。概念不是抽象符号,而恰恰是 it exists, it is, being。第二个方面的问题是,感性的东西好像"在"但实际不"在",该怎么使它实际也"在"? 这两个方面的问题结合起来考虑,都是要理解这个"存在"。于是,时间进入存在就不可避免了。

在感性、理性如何存在的问题上,康德有一个大贡献。他认为,(经验)存在(者)必须有时间和空间,必须在时空之中,不能和时空分割,而那个概念、理性的东西在某种意义上来说,很容易滑到超时空中去。"本体"、"理念"固不在时空中,而且只有超越时空,语言作为抽象符号才能被理解。所以,思想和存在、概念和存在不是一回事。存在必须在时空之中,才能成为科学知识的对象,才能认识。这个想法很符合经验,但是没有那么简单。

存在在时空之中,这个说法也是可以受到质疑的。可感的东西在变化,是不存在的,恰恰那个概念(不在时空之中)才存在。康德把存在限于经验的科学的"对象",是"可对象化"的那一部分,而并非经验本身,不是"事物自身"。他有一套很详细的理论,认为存在就是现象性的存在,有现象和物自身的区别,物自身不在时空之中。这里需要注意的是,他不解决我们存在论里面的存在问题。他把可感的东西与可思想的东西截然分开,其问题出在理论基础方面和对时间的理解上。

二、形式化的时间及其批判

康德对时间的理解有很大的贡献,但也有他的毛病。在科学知识中,他固然把时空直观作为知识对象的必要条件来理解,但实际上他仍有把时间形式化的趋向。首先,他提出时空是先天的直观形式,先天的(a priori)其实就是形式的,也就是从前面的东西推出后面的东西。形式是 form,而质料是感觉给予的。康德把知识论、科学、哲学等一切都形式化了,尽管他说没有内容的形式是空洞的,没有形式的内容是盲目的。

直观就是概念的内容,概念与直观的结合才成为科学知识。物自身不是可感的事物,它或许是"感觉自身",而这个感觉自身不可知。"感觉材料自身"是"混乱的",必须经过时空第一步的整理和建构,然后再经过范畴的进一步整理,才可成为"合理的"、"有序的"科学知识。范畴有一个核心的东西是因果。因果不是直观而是推导,只要有"因"就能推出"果",而直观是时空给定的。时间之所以能给"因果"范畴提供直观内容,是因为它本身就是"有序的",是"前"、"后"相续的,时间秩序不能颠倒。所以,在康德那里,时间不是一般的经验直观,而是"先天直观",这样才能和"因果"结合起来,于是有"前因"、"后果"之说。在这个意义上,时间的顺序和序列实际上是一个形式,所以它给你的也是一个形式化了的直观,不是事物自身也不是感觉自身,而只是一个系列顺序。这样,我们或许可以说,康德这个"时间"序列是为因果做铺垫的。

这种直观实际上不是事物本身。康德说他研究的这一切科学都是理论上的,是理论理性。他只保证在理论上、在理论理性范围里的必然性;而时间虽是直观的,但也是必然的先天形式。所以,这些都是为理论理性服务的,至于实际上经验的东西,则是充满了偶然性。在康德的思路里,存在在纯粹理性的范围里是不能推论出来的,必须有直观,而直观又只服务于理论理性。于是,"理论理性"中、"科学知识"中的"存在",只是"理论"的,不是"实际"的。那么,这个理论上的存在是不是自相矛盾呢?我们说的存在是实在的 substance,所以时间观念在他这儿不太完全。问题在于,他只强调形式、理论的必然性和推论,所以他必须把时间变得序列化、形式化。康德的哲学被认为缺少实质的东西(substantial / material),这就是后人包括黑格尔、谢林、胡塞尔对康德的一个最主要的批评——他的所有的学问都是形式化的,缺少实质性的东西。

胡塞尔的学生马克斯·舍勒有一本书叫《实质伦理学》,批判的对象就是康德。康德的伦理学也是形式化的。我们以后还会说到,康德的"自由意志""绝对命令",也都是形式的,缺乏内容的力量。在这里,我们说到康德把时间形式化使之成为因果服务的环节。在康德那里,如果没有时间,因果律就架空了,就会变成概念范畴逻辑和符号之间的关系。但是,哲学绝不能停止在符号和符号的关系上;即使新康德主义后来的文化人类学,他们的符号(symbol)也还是有内容的,并不是技术性的符号。因果性必须有时空,这样,康德似乎就使他的体系圆通了,似乎"内容"和"形式"都齐备了。但是时空形式化,表面上是维护了理论知识之"必然性",但实际上却限制了我们的理性和知识;而康德认为这个限制是非要不可的,事情本身到底是什么样的,不是我们所能触及的。

康德留下的问题是,我们不能把时间理解为形式化了的东西。

时间不是日月年计时的数,不是像某些古代哲学家或近代哲学家如休谟那样理解的"数"。这个抽象化、符号化了的数从希腊开始就有,而它被实质化以后,也有了内容,不再仅仅是一个计数的方法。不作计数方式解的"数"有另外的理路,不是形式推论所能穷尽的。在理论上,因果可以推论,但是在实质上,因果不能推论。有实质内容的时间和数充满了偶然性,不能像理论那样推算。比如,宗教里的因果报应中的"时辰未到",这个时辰不是形式的,而是实质性的,不能靠理论推论。所以,康德后来认为那个神(我们叫"上帝")不能从理论理性推论出来,不是理论的问题。

　　康德从反面告诉我们:实质性的时间、数是不能推论的,只有形式的东西能推论;实质性的时间、数不能计算,仅可以理解。理论理性只是理性的一个方面和一种功能,并不是全部的功能。理性除了推导的功能还有其他功能:道德功能、审美功能、欲求的功能、实践的功能、判断力的功能。而康德认为理性的各种职能是有分工的,各司其职,不能互相干扰,各职司不能"越权",因而其"权力"是有限制的,而科学知识的职权只能在必然性的范畴、形式、理论的范围里面行使。所以,康德固然批评笛卡儿的"我在"不是"我思"推论出来的,"我在"必定要有直观,但他自己却同样把这个活生生的"直观""先天化"、"形式化"了。按晚近后现代诸家的意见,这种形式化趋向实际上由来已久,古代希腊已开始把时间空间化、把空间几何化,而时间经过黑格尔、胡塞尔,特别是像柏格森这样的人,才大大推进了。

三、实质性的时间——自由与存在

康德的时间为"先天直观形式"。在此意义上,时间可为因果服务,使因果可以推论,故因果有必然性。至于实质性之经验内容,则为偶然的,不能完全"推论"出来。偶然性亦有"原因",但"具体问题具体解决",不可普遍推论。偶然性与因果性的关系,相当复杂,但偶然的因果是从"果"回溯到"因",而这对"时间"顺序而言,又是一种"倒流",因而是不合理的。因为有"偶然性"的进入,于是有一般的"经验科学",而康德的重点则在科学知识之"先验性";与此不同,柏格森在这方面的工作则似与康德针锋相对。柏格森针对形式化了的时间提出了一个实质性的时间,那就是自由和绵延。为因果必然服务的只能是形式化的时间,而时间绵延观念与自由结合起来就成为实质的时间、有内容的时间。柏格森的自由不像在康德的实践理性批判那里是一个超时空的纯粹理性的东西。柏格森的自由不超越时间,时间恰恰就是自由,自由在时间中。必然不是在时间里面,而是在空间里面。在康德那里作为外形式的、几何化了的空间,柏格森说,那是必然的关系,而混淆时间空间,把时间归结为空间,往往是希腊传统不够的地方。

希腊人对于时间考虑得很少,因为他们空间的观念太强烈,太形式化了。所以,连赫拉克利特这样强调变易的人都认为时间是很难理解的,他说时间是王,它决定一切。在古代没有时间学,只有天文学。天文学实际上是运动着的几何学,是形式化了的一门学问,而时间问题是内在的,康德也说它是"内形式",实际上,时间比空间更加顽固地拒绝形式化。希腊人感觉到了这个问题，尤其是那些艺术家、悲剧大师和雕塑家是深刻地感觉到命运的可怕。命运不是像几何学那样有可以掌握的必然性，但它似乎也是必然的，逃脱不掉的。这个思路在艺术家那里发挥得很多，就因为有时他们在判断力、理解力方面竟然高于哲学家的理论理性和理论思维。

自由自然地有一个向时间靠拢的趋势。自由既然是原始性、开创性的，自由者作为"始作俑者"，就有"始—终"之时间性意思在内。这方面康德也是意识到了的，但他没有像后来柏格森那样紧密地把时间和自由联系在一起：自由就是时间；时间就是自由，而不是像空间那样几何化了的。这个观念对于存在论来说，巨大的意义在于柏格森把实质性的时间问题引进了哲学的视野，而这个观念一直延续到海德格尔，就把时间问题引入到了存在论之中。

柏格森把时间实质化了。实质化也就是现实化，而不是数量化、形式化。这个实质化的时间就是自由。对于自由的问题，这是一个非常大的突破。在康德那里，自由和必然分得很清楚，自由有其特殊的含义。从黑格尔开始，理论与实践就已经结合起来考虑了，理论相对于实践，实践相对于理论。黑格尔的 ideas 已经是绝对理念，既不是理论理性，也不是实践理性。在康德那里，理念在理论理性中不可知，理论的理念不可知，没有存在的根据，不在时空之中。到了黑格尔，实践理性与理论理性结合成了绝对理念，同样也不在时空之中，但是它要进入时空。黑格尔的绝对理念包容、完成了时空，是时空的完成和超越。所以，时间在黑格尔那里没有被抛弃。这些思路统统影响到时间在形而上学和存在论中的地位以及我们对它的理解。

第七讲 传统存在论向现代存在论过渡

康德把存在限制在理论理性对象之中,而实际上这个存在恰恰是一个自由的概念。通过时间的实质化,"存在"也实质化。存在不是形式化的东西,自由也不是形式化的东西。按照康德的观点,"时间"为内直观,不是理论推导出来的;自由虽是理性的,但因它不是因果,所以也不能推导。自由不可以用理论去推论,它的基本设定就是没有外在的前提。它没有"条件",所以拒绝推论。自由的系列与因果必然的系列是对立的。因此,人是有理性者,就是自由者,是不可测的、不能推论的,不能从一个原因推论结果。想把人看做一个必然的环节是不可能的。中国古人说"阴阳不测之谓神",在这个意义上,每个人都很神,他的选择是自由的,你不知道他会做出什么选择。根据某些条件,大体上可以估计他会怎么做,但是每个人都是无条件者,他可以甩开不顾这些条件,不计后果地去争取自己的自由。是自由者就一定会有责任。选择有作为和不作为两种,不作为也是一种选择,也要负责任。所以,只要你决定、决断,你就要为自己的决断负责。在哲学里,你没有权利说"我无可选择"。自由的意义非常深入地被哲学家考虑了。

自由、存在、时间被哲学家拧在一起。这个"being"是个自由者,不是必然环节中的一个环节。being 与自由者走到一起,就没法用各种抽象范畴去限定它。把时间理解为自由本身,把存在理解为时间性的、自由性的存在,就是机械化、形式化的东西无法限定的。柏格森说得好,自由与存在的关系应该从内在方面,而不是从外在方面去理解。时间与存在的关系,在海德格尔那里是一个开创性的工作,不仅仅有一个理论框架,而且有一个实际性的学术探讨。

我们说 ontology 里的"on"来源于古代的一个动词。凡是变动的东西都不易受规范;因而运动对于希腊人来说是不易理解的,因为它似乎不可推论、不可证明。在这一点上,他们把思路限制在理论理性方面,认为可以证明的东西才是可以理解的,可理解的才是有意义的,不可理解的是感觉上的东西,而感觉易生错觉。古代的芝诺悖论要说明运动不可能,感觉到的东西不是真的,而是一种幻觉;而柏格森考虑这个问题时说,时间不能归结为点,时间是一个流,必须把时间看成一个不可分割的流。

  为什么不可分割呢?不可分割的意思在于,分了就不是那个东西了。时间是错综复杂的,是一种纠葛,你中有我,我中有你。每一个自由者都纠葛在一起,并不能孤立出去。所以,运动不可分割,运动不能完全形式化,时间不能形式化。这样一来,存在(being)就是动态的。海德格尔的最大贡献是让一切传统哲学范畴都"动"起来,最根本的是让 ontology 动起来,让"on"动起来,把黑格尔这个绝对动态的过程推到了非常深入的地步。不用静态的方式看所有的范畴,这就基本上否定了把 being 仅仅理解为一个符号式的系动词这一思路。系动词是语言里面的一个逻辑常项,常项不能被代替。如果把 being 仅仅理解为系动词,being 就动不起来,就会形式化。所以,"是"一定与"什么"联系在一起,只有"什么"才能动。把 being 当成一个动态的观念,维持了原来动词的意义。

  我们的思想、语言经常被静态的东西所限制。海德格尔的工作恰恰是让语言退回到原来生动活泼的根源上去,让一切哲学的名词、范畴都动起来,最根本的是让 being 动起来。being 是一个生成的过程,也是一个消亡的过程;是一个开显的过程,也是一个隐藏的过程,而二者又是同一个过程。从始到终又回到始,可以说是开始,也可以说是终结。所以,开始与终结都是动词,都不是"点"。哲学的语言说这个运动的过程,既是开始的过程,又是终结的过程。存在这个being既是生长的过程,又是终结的过程;是一个生的过程,也是一个死的过程。生死是同一个过程的两个不同名字,觉悟到这一点,你看终始,生死为一。

存在不是语言说出来的,但存在却以动态的哲学语言为家,找到它的归宿。从一般意义上来说它,它是一个一个的点,而在存在论的意义上说它,它才开显出来一个过程。这个存在就是一个过程。我们看到的、思考的就是这个从始到终、从生到死的过程,万物的生灭都是这个存在。从存在的角度来看,它从无到有,从不存在到存在;反之亦然。从不存在的角度来看,当它完成的时候已经终结,终结后转向另一个东西。因此,从存在到不存在,从生到死乃是一个过程。这个过程就是存在论所要考虑的问题。

参考书目

(德)康德.纯粹理性批判.先验感性论

(法)柏格森.时间与自由

(德)海德格尔.存在与时间

第八讲　现代存在论

20世纪初,存在论的问题进入了它的实质阶段,对此做出开创性贡献的人是海德格尔。

海德格尔是一个很有争议的人物。他的贡献在哲学史上是多方面的,但最核心的是他把存在论带入了一个新的境界,把时间观念带到了传统的存在论中。他把这个思路贯穿到整个哲学发展的历史,具有很深刻的开创性、变革性意义。在某种意义上说,哲学史上的大家和各个流派的创始者都是开创者,每一个开创者又都是一个终结者。也就是说,他们在理论上把以往的路总结了,开始走新的路。因此,每一位哲学家都是一部缩写的哲学史,必须面对哲学史上的主要问题;而海德格尔面对的主要是西方哲学史上的存在论传统。

一、"非存在"进入存在论

传统的存在论所问的问题是 what 和 being of beings,也就是大千世界的本质。这个问题有各式各样的回答:物质、精神、绝对、相对。对于物质和精神也有各种解释,但都不离开种类、概念式的what。海德格尔的一个重要变革和创新是他把问题变了。问题的重点不再仅仅是 what,而是 why(为什么),"what"与"why"不可分:为什么是"存在"而不是"非存在"?这个问题莱布尼茨就已经提出过,但是用一个简单的方法化解了,并没有深入下去,而海德格尔抓住了它。

现在,不仅仅问存在如何理解,还同时问"非存在"是什么。从存在与非存在的关系去理解存在,由于历史的原因,重点自然就落在非存在上。海德格尔的《形而上学导论》一开篇就提出这个问题。表面上看,对"为什么是存在"这个问题似乎已经足够了,但是后面这个"而不是非存在"这个问题不能省去——只有提出后面的问题才能完成前面的问题。只有让非存在的问题进入哲学的视野,存在与非存在两者的关系才能清楚明白。哲学就是让存在变得明白,而这个存在需要通过非存在来明白。极端地说,非存在在"明"的过程当中还重于存在,比"存在"问题更能涉及实质,更重要。用中国人的话来说,就是为什么是"有"而不是"无"。"无"这个维度进入了哲学思考的范围。这个非存在一进入存在论,存在论的面貌就变了。原来的存在论只思考存在,而现在要研究对立不同的一个概念。非存在异于存在,变异问题、变化问题就产生了。这个"变"并不是一个事物在数量上的增长,而是有无问题、变异问题,也就是质的问题、本质的问题。存在成为另外一个东西,这个东西完全和存在不一样,是 nicht-Sein,non-being。

二、时间、非存在与存在

有一种提法:"为什么存在存在,非存在不存在?"巴门尼德就是这样问的。但现在的问题则是:"为什么'是'存在,而不是非存在?"这意味着什么呢？这意味着非存在同样存在,"无"同样存在(nothing is)。反问的是:为什么"非存在"就不能"存在"？这是一个反问句。它在另一个意义上,在变的意义上存在。海德格尔常常被误解为是虚无主义者,和尼采一样。其实,这都是因为对他们理解不够的缘故,尼采恰恰是反对虚无主义的;同样,海德格尔问的是这些消极的东西(无、死、有限……)为什么有积极的意义,这些消极、不存在的东西为什么同样有存在的意义。

什么是连接存在和非存在的一个理路呢？是时间。1927年,海德格尔的《存在与时间》在他老师的杂志上发表,也许是20世纪以来影响最大的一本书。由此,时间问题进入存在的轨道,存在与不存在这个问题只能在时间的观念下加以思考,而不是像黑格尔那样,侧重从超时间的逻辑推演来理解。变易需要时间,运动需要时间,但是以前存在作为本体被认为是非时间、超时间的;非存在一进入,存在论又被拉回到时间中,拉回到路上。存在在路上。海德格尔特别强调哲学中许多基本概念都是动的,尽管后来被名词化了,但是都保持着原来动词的意义。就因为有时间,存在在时间当中。既然在时间之中,就是一个过程。存在是一个过程,是"在存在","在形成",而存在的过程同样是不存在的过程。我们凭什么说 being is(存在存在),同时又说 non-being is(非存在存在)呢？

就因为它们原本是一。

存在与非存在都是存在的一个过程。那么,是谁把这个非存在带到世界上来的?凭什么说世界上有一个"无"?为什么存在论问存在还不够,还要问不存在呢?

时间按照哲学里的思路是一个不可分割的流,绵延不断。康德就有这个意思,但康德把时间放在形式里面;而时间本身涉及事物自身,是个有内容的东西,不像在康德知识论里那样是一个形式。我们以前说过,形式的时间是可知的,实质的时间是不可知的。那是按康德的知识论而言,按"可知"即"可推论"的意义来说的,而并非说由此可以否定时间的实质性。如果没有实质的时间,那么时间就只是一个工具,计时的工具;实质性时间不是工具性的。康德说不断地修德要有时间无限的绵延,可见伦理学、道德学里面的时间是实质性的,它通向天国。天国不是抽象形式,是一个有内容的理念,但它无法掌握,不能成为科学知识和理论知识的体系。

那么,时间的界限从何而来?时间界限也不是工具性的。工具性的时间很清楚,可以计算,但是实质性的时间是自由。时间本身是个自由的东西,理论上不可知,不是必然的东西。为什么人们害怕时间?就因为这个时间是不能计算的;而伪科学和迷信却认为实质性的时间可以推算出来,想知道而且要在理论上明确地知道实质性的时间,这在我们哲学上看,是不可能的。

三、"人"带来"无"(非存在)

但是时间有没有度呢？时间是一个没有秩序的混沌，但是这个混沌进入人世要有度。尽管不能推算，但我们可以理解实质性时间、现实性时间、有内容时间的度，是这个"nicht"、"无"给予"有"以"度"。谁带来的这个"无"？人带来"无"。人是一个存在者(beings)，人把"无"带到世界上来；如果没有人这个存在者，世间就没有"无"。萨特说人给这个世界添加了一个"无"。我们可以在经验世界上积累，但是在本体论上却无法积累，不能给存在添加一分一厘，能添加的只能是"无"。这个"无"恰恰是让存在出来的一个环节，一个"度"。从经验常识来看，万物皆为"有"，但就本质论——存在论说，没有"无"，就没有"有"。人把"无"带入现实的世界，存在的问题才出来；而传统形而上学把 being 降低到了 beings，或者把它变成了一个抽象的概念，也就把这个问题掩盖了起来。

当代的现象学道路是胡塞尔开辟的，而胡塞尔问的问题就是人何以为人。世界上有人这样一个存在者，世界的意义就变了。人看出来的世界是一个意义的世界。"意义"(meaning)是现象学的一个重要观念，同样也是存在论的一个重要概念。问存在就是问存在的意义。有人把哲学归入人文科学，在现象学的意义上有它的理路，它是以人作为科学的对象的。世界上有了人以后，世界的意义就变了。它们的关系不纯粹是功能和感觉上的，而且是一种理性、观念和意义上的。过去的传统看理念高高在上，但胡塞尔这里的理念就在眼前。理念存在，理念论恰恰就是存在论的根据。

我们眼前看见的对象不是直接的、感觉的交流，我们看到的就是那个理念。

人带来了"无"。为什么人要让世界多一个"无"，而"无"同样存在呢？海德格尔终其一生认为他没有离开过现象学的道路。他接替了胡塞尔往下开展，把意义的问题牢牢地定在存在上。人不仅仅是一个有意识、有思想的存在者。海德格尔给人起了个名字叫 Dasein。这个词不太好翻译，有人翻译成"定在"、"亲在"，有人翻译成"缘在"。海德格尔认为，在存在论的意义上说人的时候一定要用 Dasein，而不是 human being。《存在与时间》这本书通过人作为 Dasein 分析到 Sein（存在），是从分析人的存在方式到分析存在。在某种意义上来说，他恰恰是从不存在进入到存在，从无进入到有。

关于人的存在方式有很多含义。人有自然属性、社会属性，离不开衣食住行、父母养育、社会交往，需要有自然的存在方式、社会的存在方式。那么，我们在存在论意义上该怎么理解人的存在方式，理解这个 Dasein？Dasein 很具体，就是 this、there，是有具体时空的，而不是抽象的。关键是怎么通过理解人作为 Sein 里面的 Dasein 来理解存在，怎么通过无来理解有。萨特说思想并不存在，人的内在意识（consciousness）并不是我们所理解的 reality。那是不是在这个意义上人把无带到世界上来了呢？人是有思想的，因此人带来思想。思想是有意义的，有思想就可以看世界，有理念就可以组成概念。人把无带到世界上来是不是这个意思呢？仅仅有这个意思还不够。我们说人作为 Dasein 是有限的。有限就是有时空限制，就是有界限的、有边缘的，不是 apeiron。这个 Dasein 最根本地、更清楚地揭示出非存在来，是因为 Dasein 是会"死"的。

四、人之死亡的存在论意义

"死"的问题,就哲学史看,是20世纪哲学中比较新的一个问题。过去当然已有一些大哲学家思考过这个问题,有的非常机智,但理路上还不很过硬。20世纪以来,这个问题被大量地论述。当代哲学认为,这个问题同样在存在论的视野里,有各种各样的切入点,也揭示出了经验上的许多特点。当然,也有在"存在论"之外思考这个问题的,而在存在论里谈死,海德格尔谈得最深入、最清楚。

人是要死的。mortal(有死者、会死者)这个观点,古代希腊就有了,但现在的理解是新的;古希腊说人是 mortal,神是 immortal,有基本的思路,但是没有现代人研究得这么清楚。在什么意义上谈死,在什么意义上谈"不死"?人是"有死者",但这个死又是自己经验不到的。

一些哲学家有很豁达的想法,认为死就是没有感觉,没有感觉就没有痛苦,因为一切痛苦都是从感觉来的。因此,死对于人来说,一没有多大意义,二也不必害怕。彻底的唯物主义者对死亡是不在意的,在古希腊和罗马这是一种倾向。

还有一种认识是,死和自我是相排斥的,我不能认知我的死,我的死坚决不能自己对象化,我只能通过他人的死来认知这个死,我只能有死的理论知识和对象化知识。然而,这个死的问题又是自我意识,死的问题一提出来就会想到我,是觉悟到自我的最大的一个契机。别的东西都能代替,唯独死不能代替,想到死就会想到自己,而自己却被证明是不可能"认知"自己的"死",于是这个死又是非常神秘的一种东西。

我们说人是自由者,但人死后还自由吗?人死后就失掉了自己,又恰恰显示了自己;死的问题是"无"的问题,又是"有"的问题,"死"提示了自己,强烈显示了我自身。死的问题从根本上显示了事物自己,这个自己就是本质、自己的存在。因此,恰恰是那个非存在显示了存在,那个非存在刺激提示着有一个自己,有一个存在。所有与死有关的"事故"都提示着 Sein,也就是"无"提示着"有"。人是注定了的 Dasein,人是有死的,所以无才存在。既然"无""开显"了"有",于是只有通过"无",通过"非存在","有"和存在才可理解。存在不是幻想出来的,而是确确实实的存在,而且是自己的、个体的存在,一个一个具体的存在。

到这里,我们看到,只有死能够给时间划分界限。时间本来是一个不可分断的流,只有死的问题能划分时间的界限。时间原本是混沌,死的问题带来了"度"。这个度同样以存在和非存在、有和无为分界点。"到时"、"到点"就是时间在存在论上的界限,不是工具性的划分(年月日时分秒),而是存在论上的刻度。时间在存在论上划分为过去、现在和未来。生和死的度都不仅仅是一个点,都是一个动态的过程,方生方死。海德格尔说"趋向死亡",任何人生下来就老得可以死了。这看上去不积极,其实很积极。死恰恰同样是存在,同样是存在的度量。

从时间的界限上,我们也可以理解为什么非存在同样是存在。一个人在世,意味着他自己有未来,但是未来尚未存在。这并不矛盾,无非就是说非存在同样存在。有一个未来,只要把它作为一个动的过程就能理解。时间就是这样,有无相生,动起来就好理解了。如果说把现在缩小为一个点,这个点转瞬即逝,如过眼云烟抓不住，那么同样的道理，那个尚未在的未来恰恰是你能够抓住的。未来是我的，也是你的。这就有了你、我、他，人不再囫囵吞枣。时间作为有死者的度分出了你的、我的、他的。你我他的观念不是空间的距离，而首先是时间的观念。我一生下来就有他者，这个他者是过去的，虽然不在了，但又确确实实存在，并不是虚无缥缈的。昨天不在了，但昨天又确实存在；未来还没来，但确实有一个未来。所以，过去、未来都存在，非存在存在，不在场的（absent）不妨碍它也是存在。

"生"把我带到这个世界，但"生"的过程和"死"的过程为同一个过程。于是，也可以说，是"死"把"我""存留"在这个世界，"生"和"死"把"我"一生的完整过程"存留"下来。于是有"前世"、"现世"和"来世"，把过去、现在、未来分别出来。在某种意义上说，我们的存在论恰恰不是站在现在的立场，也不是站在过去的立场，而是站在未来的立场（position）。所有的人，自觉不自觉都站在未来的立场，只有未来能抓住，能掌握，是实实在在的存在。人都是站在未来的角度来回顾过去和现在，就未来看，现在也是过去，只有未来才是坚固的、确凿的。可靠性（certainty）就是这个未来。这样一个未来的世界包括了我们死后的世界。这个无、非存在提示着存在，而存在要比 Dasein 长、远、久。Dasein 只有融入到未来去，我才能说我真正存在，不是行尸走肉，我才有哲学的觉悟和意识，才意识到我的存在。我存在的意义在于未来。

死就经验论来说，当然意味着非存在，是铁定的界限，但在存在论上这个界限又是可以超越的；所以，在某种意义上说，海德格尔就是要超越死亡提前进入死亡。超越死亡不是死后复生。超越死亡就是人不仅仅是有死的，而且是会死的、能死的。有能力去死,意味着在死没有来到之前我已经超越死亡。我超越死亡意味着我永远有未来。我永远有未来不等于我永远活着,而是意味着他、你有未来。有一年,利科到我们社科院来演讲,他说他会跟着大家,跟着你们这些年轻人一起进入未来。这意味着我的思想、历史、过去会(有能力)跟着你们进入未来。这就是超越死亡。超越死亡进入未来实际上就是 being,就是"在"。现在,利科果然死了,但他的"时间"仍与我们生者"同在",就他来说,他的"时间"融入了"未来"。

参考书目

(德)黑格尔.小逻辑.第一篇.存在论
(德)海德格尔.存在与时间

第九讲 "语言是存在的家"

上一讲我们讲了时间的三个度:过去、现在、未来。在某种意义上说,似乎"现在"是存在,而过去和未来都是非存在。实际上,在存在论、本体论上来说,非存在同样是存在。"现在"在本体论上是一个过程,这个过程是在世。过去、现在、未来都是一个过程,而不是一个点。

上次我们讲到这个过程的界限是如何出来的,之所以会出现过去、现在和未来,就因为世界上出现了一个特殊的存在者——人(Dasein)。人是一个有限的、有度的存在者,人的度在于生和死。死的问题引入到存在和非存在的观念中来,可以加深对于生的问题的理解。生和死都是同一个过程,是同一个过程的两个名字。从这个角度来说,存在与非存在处于相互纠葛的关系之中。人从生到死,可以说是一个生的过程,也可以说生下来就是死亡的开始。时间是终始之学,这门学问就是从存在论、本体论的角度来理解生和死、存在和非存在。

在某种意义上说,非存在比存在更重要。非存在、无、终点蕴含着起点,死蕴含着生,非存在保存了存在。这是存在论思路里面一个很有趣的问题,也就是海德格尔强调的"为什么是有而不是无"——后面的"而不是无"这句话不能省。无并不是虚无,无恰恰保存了有,是有和存在的一种方式。未来保存了过去和现在,而未来现在并不现成地在那儿。只有在不在场的立场上才能让存在问题开显出来。存在就在那个非存在里面。这在某种意义上说也是我们存在论的辩证法。

一、艺术保存了"存在"

现实的存在是一个世界,哲学面对这个现实世界,而艺术是虚拟的。关于艺术的问题在存在论的角度上怎样理解呢?这也是形而上学里面的一个大问题。艺术哲学在哲学史上很古老。亚里士多德有《诗学》,那基本上是一种艺术理论,一直延续到康德和黑格尔,而谈美学是从鲍姆加登开始的。鲍姆加登把他的形而上学分为理论的和感觉的,而美学(aesthetics)就是感觉的、感性的。那么,美学能否理解为情感学、感情学?甚至有一些德国哲学家要从美学中总结出一套逻辑来。科学有逻辑,哲学有逻辑,那么情感有没有逻辑?从我们存在论的角度,该怎样来理解艺术,理解这个虚拟的世界?

过去有艺术理论和艺术概论。艺术可以被设定为一种思想形态、意识形态,它就好像是一面镜子,反映我们的现实生活。因此,我们的作家要联系实际、体会生活,没有现实世界就不能创造出艺术。这当然很正确,但是问题到这里并没有停止。到底为什么会有这样一种意识形态?到底人为什么要创造艺术?并不是因为别的工具不够用才想出这样一种工具。从社会学来说，艺术确实是一种工具，反映了时代的要求和呼声，有时候走在时代的前面，有时也落后于时代。但是为什么会有这种现象？为什么人们重视艺术，重视这样一个虚拟的世界，重视这样一种工具？

海德格尔有一篇文章《论艺术的起源》，总的思路是从存在论的角度来理解艺术。存在在非存在里面，在艺术里面，在诗里面，在哲学著作里面。这些都不是现实的东西，从现实的角度看它们都不在场、不存在，而恰恰是这个非存在保留了存在。艺术保留了历史和生活，历史和生活住在、保存在艺术和思想里面。历史过去了，生活也在流逝，但是艺术长存。人之所以重视艺术，恰恰是因为它让存在开显出来，让历史的真面目开显出来。艺术在这个意义上受到存在论的重视。我们思考存在论的时候必须要有艺术这个度，也就是要有艺术作为非存在的度。

很多艺术作品都是反映过去的事情，也有一些是对"未来"的畅想，恰恰是这些非存在的东西保存了存在的东西；但历史上的事实、考古的挖掘还不是艺术。艺术保留的不是历史和生活的事实的堆积，也不是从事实中推出规律，那是历史科学的工作。艺术保存存在，也就是保存自由。在这个意义上，艺术保存的历史、生活、思想都是自由的历史、自由的生活、自由的思想。艺术保存的是活的历史。

艺术要活灵活现，就要把当时的活思想、活情感都体现出来。这里永远有一个历史剧和历史科学之间的矛盾。通过编纂材料得到的历史推论是后来人的理解，但在当时却有各种选择，这种选择的自由都在艺术中体现出来。所以，在这个意义上说，艺术和哲学是同一的，都是保存了存在，也就是在必然里面保存了自由。

人是有死的,是必定要死的,但是死亡里面恰恰保存了自由。为什么要有坟墓?墓里葬的是死人,按理说体现出一个人要死的必然性,但是另外还显示出一个意义:那里埋葬(封存、保存)着自由。埋葬的不仅是那个人的死亡,而且是那个人的一生工作和他真实的历史。那是自由的象征,而不是虚无缥缈的。一切的艺术品、著作都是死的,文稿写出来、物化了就已经死了;但只要有人在,即使是石头也会说话。有一本书说的就是古希腊的古迹石头告诉我们什么。福柯说一切的文献都要化成古迹,解释权在后人;但是它仍然有权说话,只不过是它说话的背景不同了,受到限制了。凡是一切有价值的文献和遗迹都在说话。它继续保留着自己的发言权,保留着存在的权利,只是存在的方式改变了。

因此,在这个意义上说,存在不是固定不变的一个概念。希腊悲剧不仅仅有一种解释,你要不断地解释,不断地和它对话,要把它看成一种活的历史。这实际上就是存在的时间性的体现。存在不是固定的,而是自由的。这个"什么"因时因地而变;但不是没有节制,而是有规定的。所以,思想、艺术,所有这一切,都是存在的一种方式,而且恰恰是存在核心的方式。

二、"语言是存在的家"

这里重复给大家介绍一句话,"语言是存在的家"。也就是说,存在住在语言里面。这句话表面看起来很难懂。存在是实实在在的,是最现实、最真实的东西,怎么能是语言说出来的呢?这涉及我们对语言的理解。语言是什么?语言是 Dasein 里面最核心的东西。通常的观念认为语言是交流、对话、交往的工具,但是在存在论的意义上,语言不仅是交往的工具,而且是存在的方式。跟艺术一样,它保存了存在。如果语言只是交往的工具,交往以后就不需要语言了,这叫"得意忘言",在这里,语义是第一位的。而存在论上的语言不仅仅是这个意思。存在论上的语言不是说得到意义后抛弃掉语言,目的达到了手段就不要了,工具就放下了。存在论上的语言不会消逝。语言在诗中,诗的语言不会消逝。诗不是工具,不是符号。诗保存了存在,语言让存在住下,留下。因此,我们在这个意义上说,"语言是存在的家"。

语言要说一些事物,要"命名"——name。name 通常来说是指命名,但在存在论上还指"列举"存在物,让这些事物的存在保留下来。"枯藤老树昏鸦,小桥流水人家。"马致远的《小令》没有什么因果联系的描述,而是列举,不是保留枯藤老树昏鸦这些存在物,而是恰恰保留了它们的存在,一直到现在。"今人不见古时月,今月曾经照古人。"时间在流动,对于古人的意义和对于现代人的意义完全不一样了,但古人吟诵月亮的诗把月亮的存在保留下来,保存在诗里面。如今城市里满街灯火辉煌,"月亮"对现代的城里人来说快要"不存在"了。要找"月亮",到古人的诗里去找吧,它"在"那里。

艺术保存了存在,语言是存在的家。扩大来说,艺术是存在的家,思想是存在的家。这里的思想是指哲学和形而上学。或者如前所说的,"非存在"是"存在"的"家"。

三、语言带来存在的消息

艺术需要创造,诗需要诗人。其中有一个问题,艺术可分为艺术品和艺术家,作品是实实在在的东西,艺术家是活生生的人,那么这个存在到底是在作品中还是在艺术家中呢?艺术起源于哪里?是作品让艺术家成为艺术,还是艺术家让作品成为艺术?从日常经验的世界来说,两者都可能。但海德格尔说,就是这个"艺术"让作品成为艺术作品,让艺术家成为艺术家。

语言有说的意思和说的人。和艺术一样,语言使人的说话成为说话,使人成为说话者。人和说都不能充分体现语言的本质和存在,而倒过来,语言让说成为一种行为,让人成为说话者。不是"人要说话",而是"话让人说",变成"有话要说",这个"话"就不是个人主观的意愿,是独立的东西,是本质,比说话的人更重要;而"我"和"说"似乎都变成了工具,都是传达者(messenger)。从这个思路延续下去,也许就是后来的解释学(hermeneutics)的思路。

解释学就是要研究话是如何让人说的。语言让人说话,语言是我们作为个人所说的话的本质。我们要思考的就是语言怎么让人说话,而这个语言就是话之成为话的那个存在。并不是随便想说什么就说什么,那不反映语言的本质;要真正成为一个言者,言之有物,你的话就不完全是你自己的。相反地,言者是话的工具,话通过你表达出来。这个意义上的语言就不仅是交往的工具,而是一种消息(messenger)的传达,传达了历史的自由的运动,传达了各个自由者所组成的一个动向。

message 不是 information。message 带来一个消息,带来过去和未来的消息,而 information 只管现在,或者没有时间性,或者那个时间性只是一个点,代表某年某月发生了什么事。时间作为工具来说是可知的,但是某个时候会发生什么事情是计算不出来的。实质的时间不可计算,它不是经验科学、数学能给予的知识,而是哲学给出的理解。

语言的本质不在于什么时候说什么话,而是带来一个消息,说要有变化了,"山雨欲来风满楼"。人们不断地想知道实质性的时间(某年某月某日会发生什么事情),但实质性的时间却不可能掐算出。因此,只能通过语言、通过艺术带来消息。活的历史不可能重复,艺术作品也只是演一段,演的都是死的。但是艺术在死里面显示出活的东西,它实际上保存了活的东西。多数的存在物不在了,或还未在;但是不在并不等于虚无,而恰恰是"不在"保存了"存在"。这个存在比存在物更有力量,延续更长。"小桥流水人家"没有了,但是诗还在,语言还在。这个存在大于"小桥流水人家"具体的存在物。

存在就在语言之中。这个语言好像是一种抽象的东西,其实并非如此。艺术也一样。艺术使作品成为艺术作品,使人成为艺术家。诗好像也用抽象的概念语词,但是指引着我们的思想,让我们的思想回到存在上去,而不是停留在如过眼云烟的诸存在者上。

四、语言是有"使命"的

艺术体现了存在的意义。这个意义不仅仅限于古希腊人所说的模仿,不是现实生活形象的复制。无论复制品和艺术品都需要技术,但是艺术的本质、艺术的起源不止于技术。技术品有实用性,而艺术品则有某种神圣性。博物馆体现了这种神圣性。放到博物馆里的都是宝贝,都是要保存起来的,这是神圣的。"小桥流水人家"在现实中比比皆是,并不神圣,但是在诗里就神圣,马致远把它提出来(name)了。海德格尔说,哲学家讨论那个存在,诗人列举那个神圣的东西。他在《论艺术的起源》里面列举了一双农鞋,这双鞋之所以值钱就是因为梵高把它的世界开显出来了。博物馆不是保存死的器皿,而是保存了活的东西,保存了一个不同于我们世界的世界、一段活的历史。艺术也一样。艺术把他人自由的世界展现在我们面前,而不同于当下、眼前、转瞬即逝的世界。

在这个意义上,我们经常说艺术反映生活,艺术高于生活。就存在论来说,艺术恰恰高于作品和艺术家,语言恰恰高于话和说话者。它们不是工具,而是本源、本质。这个本源、本质不是一个概念,而是具体的、有内容的、实实在在的一个虚拟的世界。这个表面上似乎虚拟的世界之所以高于真实的世界,正是因为艺术保存了存在,而那些在经验现实世界中的存在者,包括具体的作品都是艺术的工具。"艺术"高于"艺术作品"和制作它的"艺术家"。

所以,写作品不是主观想写什么就写什么。作家有历史的使命,哲学家也有历史的使命。什么使命呢?不是自己给自己定的,是历史给你定的,他人给你定的。这个使命高于、大于你的生活。你无非是历史运行之中的一个工具,你的存在、本质只有在历史中才能展现出来。真正的艺术品、真正的哲学有时代的号召、时代的感觉、时代的使命,也就是没有遗忘存在,没有忘记过去和未来。搞艺术、写文章不是主观情绪的发泄,无论自觉不自觉,把存在保留下来,才算完成了一件工作、一个历史使命。研究哲学也是一样。哲学也是保存存在的一个方式,它通过"思想"保存了存在。思、诗、史都是存在的方式,存在就住在里面。

哲学以"思想"的方式保存了存在,而思也不是天马行空、虚无缥缈的。哲学的思想保存了存在和存在的问题:古代保存了始基、原子、apeiron,中古保存了上帝,现代保存了对象(object)。对象化问题就是我们以后要讲的知识问题,这是近代的特点。这个对于对象的思,保存了那个时代的存在,保存了那个时代精神的本质。

哲学、艺术都属于语言。艺术还包括了视、听,但哲学不能完全视听化,它本质上属于语言,特别是属于文字。视听技术—声象技术不能在本质上"取消"、"代替"哲学,它们甚至不能"进入"哲学。视听—声象技术只能作为哲学的辅助工具,不能替代哲学的文本和著作。于是,从某种意义上说,语言统率了艺术和哲学,是艺术和哲学的本质。克罗齐说艺术是直觉,好像与哲学的概念相对立,实际上这个直觉并不是指感觉,而是指直接性的表现。哲学通过思想表现存在,艺术通过直觉表现存在。黑格尔说艺术是理念的感性显现。这里的理念有非常深入的内容,感性也不是指我们平常的感觉。黑格尔的理性的运行和活动,有一个阶段是从感性方面出来的。这也就是说,艺术、哲学都是理性概念的环节。只是在黑格尔的哲学体系中,哲学是比艺术更为高级的概念环节,在哲学中,概念由抽象片面而回到具体的、有内容的自身。

参考书目

(德)康德. 判断力批判. 第一部分. 审美判断批判

(德)海德格尔. 论艺术的起源

第十讲　知识论

这一讲我们从存在论转向知识论。哲学作为形而上学，存在论是它的核心。那么，存在论怎么会转向知识论呢？

一、知识是如何产生的？

存在论提出"什么是存在"这个问题，就意味着经验当中的人从一般的存在物到了一个意识到存在问题的层次。只有到了 Dasein 的层次，人作为 Dasein，而不是一般意义上的人，Sein（being）的问题才显出来，诸存在者、各种经验的存在者才开显出来。存在论提出这个问题来是一个"事件"，是一件"大事"。一下子，原来生活得很舒坦的、很融洽的这个世界成了问题。一切存在者都有了一个不存在的问题，一切稳定的、按部就班的东西都晃动起来了。从哲学的眼光来看，我们经验的、尘世的生活不那么可靠、稳当，这个存在物是漂浮移动的东西。

存在物开显出来，也就是日常经验中的日月山川向你开显它的意义，所有这些可观的东西成了对象（objects）。当你提出哲学问题的时候,这些日常事物突然独立出来了,脱离了你,向你展示出它自己。也就是说,一切的事物都要先让它回到它自己去。提出对所有存在物的真知识问题,它就开显出了它自己。它要求独立,要求得到尊重,要求你离开它,要求你让它在那儿。这是一种知识的态度。

存在物变成了对象,就需要你让它在那儿。你和它有一种什么样的关系呢?不是在哲学知识论问题提出来之前的那种实际的交往关系,而是脱离开它,让它在那儿,然后再研究了解它,对它进行观察、研究、分析、综合。这样,知识的关系出来了。

二、第一种观念:所有的知识实际上都是一种权力

实际的交往关系之中也有知识,而且是非常重要的知识,比如说某种植物能否食用。这是一种经验的知识,是纯粹靠经验得来的或实际需要的知识。人类如果要生存,没有一定的这样的知识是不可能的。这是生活生存的需要,任何民族都需要在这方面积累经验、交往、传授这种知识。这样一种原始、实际的经验知识,我们管它叫技术技能。技能也在进步,学会取火就是人类的一大进步,工具的进步是人四肢的延伸。这些对于人类的生存来说都是必不可少的。

根据这个思路,不少哲学家提出,实际交往是为了生存,根据生存的需要,我们需要有实际的知识,有应付实际困难的能力,所以要增加我们的能力,也就是稳固我们的权力。知识就是力量,知识就是权力。通过知识我们征服控制自然,征服他者。这个系统

衍生到后来,就是人类互相之间的控制、互相之间的统治、互相之间的权力分配。

归根结蒂,这条思路就是,知识从权力来,真理就是权力,就是有控制自然、控制他人的权力。谁有权下判断?什么是罪人?什么是错和对?只有掌权的人和部门才有权判断。命名的权力就是知识。说这个人是坏人、抢劫犯,你说了不算,法官说了算。在学校里,谁是学生谁是老师怎么定,学校当局来定。病人也是这样,收不收你当病人,戴不戴"冠心病"帽子(命名),要靠医院当局来决定。为什么要有学校、医院、监狱?这就是福柯所讲的监视、判断、命名。所有的知识实际上都是一种权力。

20世纪晚期的法国哲学家,特别是福柯,给我们哲学带来了新问题,他使"疯癫"、"医院"、"监狱"等进入了哲学的视野。这些非正常的、偶然的东西,不确定的突发事件,从前离我们哲学很远,不在我们哲学研究的范围中,现在却进入到形而上学思考的范围。这是一门很新的学问,但在根源上,它还是维护人类生存的权力这个系统的深化、复杂化、学问化和哲学化。

三、第二种观念:知识是自由的知识

在我们搞哲学史的人看来,除掉一些经验技术的、实际交往关系的知识以外,古代希腊人给我们开显了知识的另外一个窗口。这个窗口的知识不同于实际交往经验的积累,不受实际需要的控制。这就是希腊人所追求的知识——epistemology。亚里士多德说"悠闲出智慧",很明确地表明,这种知识就在于有那样的条件,摆脱了实际生活的需要。它是摆脱了实际需要以后的一种追求探索,是把存在物当成对象来研究。

作为实用知识"对象"的存在物,实际很难成为真正的对象,因为它总是要使用存在物,或消耗存在物。哲学首先是要摆脱实际的、实用的关系。哲学里的知识论从古希腊开始建构的就是摆脱了实际生活需要的一种知识体系。只有这样一种体系才能把诸存在物当成对象来研究,掌握它本身的规律,而不仅仅是掌握它和我们人实际的关系。不局限于实用、功利的知识,而是把存在物当成独立的对象来研究,这个变化是希腊人为人类做出的巨大贡献。这样一种知识摆脱了需要,不受需要控制,而是以事物自身为对象。这样一种知识是自由的知识,我们哲学要考虑的就是这种自由的知识,而不是在实际需要控制之下,受各种权力支配的知识。

古希腊人奠定了这样一种自由的知识观念,这是当时许多大哲学家非常强调的一个方面。比如,亚里士多德在《形而上学》中讲到,经验也可以积累知识,但是它没有技术的知识高级、稳定;经验的知识只能解决个别的问题,而技术可以解决比较普遍的问题。这个亚里士多德意义上的技术(technique)被海德格尔抓住了。它不是纯粹工具性的,而是有存在论的意义。也就是说,在亚里士多德那里的技术已经带有知识性、科学性,而不仅仅是一种谋生的方式,不仅仅是人类主观生存的东西。海德格尔理解的亚里士多德的technique是通过它开显出事物自身:技术不是强加给事物的,而恰恰是让事物自己开显的。我们人不是按主观的意愿强迫于这个世界成为我们的所用对象的,我们人和世界同样是存在的一个部分;我们人的技术是让世界更加开显出来,而不是把它当成我们的"鱼肉"。

从亚里士多德那里可以看出来,这个技术已经不是原始的人类主观征服自然的工具和技能,它是要让 beings 自己开显。因此他说,古代原始经验的知识不如知识性的、科学性的技术有普遍性。在这个意义上说,古希腊人同时也是把技术这样一种很原始的、很古老的知识方式科学化了的创始者。

有了自由的知识观念,摆脱了主观物质的需要,在这个前提下就能够把世界作为一个客观的对象加以思考、研究、观察。所以,一般人都觉得希腊人强调观察理性:在把握这个客观世界之前首先要让这个世界独立出来。这样一个思路奠定了科学的自由的基础。

然而,正如现在一些激进思想家所说的,现在科学知识受了各种权力的制约,所以在某种意义上说,人类还处在史前社会,一切都被实际需要和错综复杂的权力环节所控制。人类还没有从真正意义上进入到古希腊的那个理想的时代。也就是说,我们还没有进入到真正的历史时代,真正的人类历史还没有开始。

四、自由的知识是理性的知识

我们讲的知识论就是 epistemology,或者叫做"关于知识的理论"。episteme 在古希腊跟 doxa(观念、意见)这个词是相对应的。

为什么会出现这两个词的对立呢?doxa 本来还有光辉的意思,为什么一个褒义词成了一个贬义词呢?古代哲学家大都集中在雅典。雅典是一个民主制城邦,一批有钱的、有闲的人经常在这里开会(assembly),这些人讨论出来的就是 doxa(多数人的意见)。

多数人的意见不一定就是对的，因此，doxa 有点儿权力的味道；而 episteme 对应于 doxa 指的是知识，doxa 后来就变成独断论（dogmatism）了。doxa 与权力有内在的联系，而 episteme 是自由的。

亚里士多德有一句话："应该说，我们叫做哲学的那门学问恰恰就是关于、对于真实（真理）的知识。"这句话经常被我们搞哲学的人当作座右铭。这里的知识就是 episteme。

哲学就是 episteme、真实的知识、真知。我们把我们的知识论定为 epistemology，这样的知识就是自由的知识。自由的知识是什么呢？自由的知识就是让对象自由，让 beings 作为存在者，不是让它作为一个要被消耗的对象或者我们需要的一部分，而是让它自己独立存在，让它自由。只有这个事物自由了，它才成为我们的 episteme。这样的知识就不被大多数人的意见或者被个别人的意见所左右，不是一个主观的东西。这样，作为主体的人也自由，不必考虑自己和该物有什么直接实用的关系。

自由有什么力量呢？自由的精神本质上是遏制不住的，自由的力量任何权力都无法压制。既然自由不仅仅是形式，就要进入现实；而现实对于自由最初也表现为一个否定和限制的力量，自由与必然对立。在这个意义上，自由要在进入现实后也表现自身的独立性，则最初有一种消极的形态。于是，自由的一个特点就是让事物自由，让客体自由，因为只有"让"客体自由，才能同样让主体自由。所以，哲学里讲的知识、科学都是自由的知识、自由的科学。知识当然不是不要限制，它是你的对象，你要研究这个对象。但客体、对象只是一个外在的条件，这个条件是为自由获得自身具体内容而设置、提供的。自由并不毁灭自身而同化于客体、对象。相反，客体、对象反倒要成为自由的内容，成为自由的一个部分。

在这个意义上，我们知识论研究的就是自由的、科学的知识，实际上就是理性的知识。

也就是说，从古希腊开始，人们就已经看到了理性的主动因素，看到了理性自身的能动性。理性从根本上说可以不受感性的驱使，它本身就有知识的能力，可以自己去获取知识。当然，理性也可以成为工具性的，为感觉感性服务，而理性长期以来也许一直都还受着感性的支配。我们的幸福生活当然要靠理性合理的分配、合理的建立和推广，理性是很好的工具和技术。但是除此之外，理性本身还有追求知识、追求真善美的能动性，有它独立自由的素质。理性可以不完全受制于感觉的欲求。

理性不仅仅是工具性的。古希腊的哲学家已经认识到这一点，所以亚里士多德说"知识来源于好奇"。好奇就不完全是功利性的，而是要研究清楚到底是怎么回事，是一种穷根究底的精神。这个好奇心驱使你去追求知识，不是满足你的需要，不止于解决实际问题。希腊人要论证证明，这是一种理性好奇的表现，这个好奇就是要满足理性本身的要求。为什么几何学在希腊成为一门学问呢？就是因为希腊人认为只有测量的技术还不够，需要证明。不能证明的或者证明不出来的生活就不是理性的生活。未经证明的生活在希腊人眼里，那是无依无靠的、不稳定的、令人不满的。那种一眼就看穿的、马上就能悟出来的道理不够，还需要有证明。有了证明，才算是完成了理性交给你的任务，才算是平息了理性的好奇心，而这个好奇心是不容易平息和满足的。亚里士多德的那句话恰恰是总结了希腊哲学关于知识、意见和一般的观念的争论结果。

五、理性需要启蒙

真知是经过论证的、理性的知识,知识论就奠定在这个基础上。在这个意义上,理性并不是说一下子就能成为知识的指导。理性需要启蒙,知识需要启蒙,科学需要启蒙。

从历史上看,希腊人是我们人类最早的,也是最大的启蒙者。他们把人类从和事物的一种实际关系的遮蔽中解脱出来,让理性自己发出自己的光。所以,一直到后来的康德那些启蒙主义者仍然强调希腊人对理性的认识,也就是说不要去听信别人的那些意见,不要被那些多数人信以为真的、一时很辉煌的 doxa 控制住。启蒙就是用自己的理性、自己的理解力去认识事物,不轻信别人和大多数人的意见。理性不断地破除对"意见、观念——doxa"的迷信,人类就不断地被启蒙。

知识论在哲学系统里和存在论是完全一致的。知识不仅仅是一个思想的东西,不仅仅是一些公式、命题、教导。知识同样是存在形态。培根说"知识就是力量",知识本身有存在性的力量,不是一种空洞的思想。也就是说,理性、自由本身都是有力量的。自从古希腊人提出自由的知识以后,真正能做到不受任何外在力量干扰,专注于自己的研究对象这样一种自由态度还不是普遍的现象。普遍的现象恰恰是 doxa 占领了许多人的心灵,他们在各种"观念—意见"中寻求力量的平衡协调。

哲学里思考的是真理的力量、知识的力量,不是一种折中,也不是一种妥协。自从希腊提出这样一个自由的知识以后,很长时期以来还停留在很初级的历史阶段,或是一个史前状态。自由的知识还没有进入到更广大的领域,哲学还只是被少数人作为专业来做。

但是,尽管哲学集中在少数的专业队伍中,其影响却不限于这个专业人群,而是以潜移默化的力量深入广大的人心。于是,古希腊的贡献就不仅仅是使这个世界多了一件做哲学的事情,多了一门学问的问题。

当然,这门学问需要专业的队伍。尽管绝大多数人都去做经验和实用的科学,但是毕竟我们做哲学的人也会受到社会的重视,因为哲学也是深入到我们每一个人心里去的。一旦想到形而上的问题,一旦想到存在的问题,哲学就出来了;一旦看到原来井然有序的东西都在晃动的时候,或者反过来,看到那纷乱动荡的局面终归于秩序时,人们就会同时看到自由的光芒,就会感觉到理性的力量,这时,理性的好奇心也就会显示出来了。所以,哲学在不做哲学的非专业队伍里同样受到重视。

在哲学、理性、自由的光照下,会产生这样一种情况:虽然各行各业的专业人员确信他们的知识是有用的,他们会感到他们的知识能够满足生活的各种需要,但他们仍会意识到,他们的知识还是不能满足理性的好奇心。他可以很有学问,很有能力和谋略,但是他会发现,这些东西好像还缺乏 episteme 里讲的那种更深层面的理性的东西。有的人也会觉得,尽管拥有四海,但什么是他们安身立命的地方仍是个问题。他需要探索,需要自由的知识。

我们哲学的知识论建立在理性的自由的基础之上,恰恰不是像后现代那些激进的哲学家所说的,理性、知识、真理全是权力的产物。在某种意义上说,很多的知识的确离不开权力,但是唯有我们哲学这门学科本身就蕴含着权力。

参考书目

(德)康德.纯粹理性批判.导言
(德)费希特.全部知识学的基础.第一部分

第十一讲　经验科学知识论与存在论

我们这里所持的态度是：知识论和价值论实际上都是在存在论的基础上来理解的。前面我们讲过为什么知识论是在存在论的基础上提出来的：恰恰是在存在成了问题的基础上，大千世界才成为我们研究的对象。所以，这个对象虽然是客观的，但同样也是历史的。存在运行到哪一步，知识的视野就扩充到哪一步。

一、知识论的存在论前提

在古希腊，人们对于数学、天文学的研究有很高的水平，但在实际观察方面眼界也是受到局限的。那个时候，人类的生存状况只是那个样子，使得存在物能成为知识对象的，也有一个范围，始终是存在论支配着知识论。抽象来说，知识似乎是不受限制的，但是在历史上、客观上，恰恰是有界限的知识的范围在不断地延伸。

Sein 通过人作为 Dasein 来理解知识，这是我们知识论的一个基本前提。

二、经验科学知识论的根据

从西方哲学发展的历史来看,知识论好像是本体论走不出来才出现的。知识论的出现曾经被认为是形而上学、本体论的终结。康德被认为是传统形而上学、本体论的"终结者",是近代哲学知识论的"创始者"。他是西方哲学史上本体论转向知识论的一个关键人物,为我们奠定了一个对科学性的知识作哲学理解的基础。

科学知识何以可能?这也就是问科学知识的根据。康德认为知识论的根据不在本体论和存在论,并不是先天地有一个客观对象,然后主体的经验—对象知识就围着它转。在这个意义上,"存在论"并非"知识论"的根据。那么,"知识论"根据何在?

康德认为经验知识不以客体存在为根据,而是有一个主体的根据。科学知识之所以可能,是因为有一个在经验以前或不依赖经验的条件。经验大家都有,每个人都有感觉、感受,都能形成印象,印象可以抽象为概念。这些怎么能成为知识(亚里士多德讲的真知,关于真实、经验的知识,也就是具有必然性的知识)?

如果科学知识只依靠感觉经验,而感觉经验又经常在变化,那么科学知识就缺乏必然性的保障。科学知识当为必然的、可以推论的知识。可以推论的东西不依靠经验、感觉,由原因推结果,由结果回溯原因,必须具有不依赖经验的必然性。但既然因果律是这样一种关于真实的知识,而不能完全是逻辑的、形式的,则必须要有经验内容。这个问题的解决,又必定涉及休谟的哲学。

康德的知识论反对形式主义,所以他给自己定的任务就是要改造传统逻辑。这个思路一直延续到费希特、谢林和黑格尔。逻辑是要的,但不能只是有逻辑,还要有内容。有人说康德的知识是逻辑和非逻辑的统一,需要有非逻辑的内容。这种非逻辑的内容进入到逻辑中,就能推论,不再是杂乱的感觉材料。首先,它们进入时空序列,成为可以先天直观的"对象"。然后,它们进入因果序列,成为有内容而又可以推论的科学知识。康德提出十二个范畴,其中最核心的范畴是原因和结果这一对。经验的内容进入到可推论、可推理的过程中去,也就是经验事物的因果关系是可以推论的。知识何以可能,就是科学何以可能;有内容的知识何以可能,也就是因果性何以可能。

先验、超验这些东西与逻辑很相近。逻辑是理性的规则,非逻辑是感性,是从感觉印象来的。这些感觉的、经验的、实际的印象怎样与理性的形式、规则吻合起来呢?知识与知识对象怎样相符合呢?这是知识论的一个大问题。两者怎样相符合,也就是知识论中主体和客体怎样对应和结合的问题。

为了建立这个知识论,康德的前提就是摆脱传统本体论、存在论的框架,不从存在论的视角考虑知识论。按康德的意思,这也是一种"哥白尼式革命"——不是主体围着客体转,而是客体围着主体转,知识论的根据不在客体,而在主体。然而,如果根据不在存在—客体,那又凭什么说知识是真知、真理?不在存在论的视野中就逃不开这个死扣,但康德有他自己的办法。这个办法从现在来看也不是特别好,但是他能自圆其说,从而把问题推进了一步。

康德的一个主要思想是,不可能从一万条经验、几亿个例子中总结出因果律,因果律不是依靠经验产生,而是由理性所建立的。

主体如何和客体相符合?知识如何与它的对象相一致?休谟

说一致是偶然的,因为一个是感性的东西,一个是理性的规则,两者之间没有一定的关系;而康德认为二者是二而一:作为对象的东西是我的理性建立的,客体是主体建立的。也就是说,那些杂乱的感觉经验、偶然的东西并不形成我的知识对象,有资格能够作为知识对象的东西恰恰是理性建构起来的。

要成为知识对象必须有一种条件——时空。知识的王国有它的秩序和规则。那些感觉印象要成为知识对象,第一步就是要通过时空。这里的时空并不是我们经验论所说的时空,而是一种先天的直观形式。要进入知识的王国必须是可以直观的,必须经过时空的形式整理;物自身不可知,那些杂乱无章的感觉材料(sense data)、那个感性事物本身不可知,不是知识的对象。要进入知识的王国必须要有时空的"签证",这是理性本身的权力、先天性本身的权力,尽管它们是直观的,不是推理的。那些不能直观的东西、那些超时空的东西都不是我们知识的对象。

康德的这个时空是一种形式。它的实质内容是外来的,但这些实质内容进入时空形式后,就形成知识、概念的内容。时空讲先后次序,因果律就在这个时空的秩序上建立起来。有了时空的秩序,因果律就进一步往前推进。有直观、有内容的因果律出来了,知识就可以推论了。可以推论的知识,就是科学的知识。于是科学的经验知识就有了知识论本身的根据,也就是理性的根据。

三、康德的科学知识论及其局限

知识的对象是主体建构(constitute)出来的,而建构是一种立法。科学的理性、理解力为自然界立法,知性为自然界立法。这个法权观念不是日常生活中的实践(practice),不是实用主义的(pragmatism)。

知识王国是一个法治的王国,不是没有秩序的无政府状态。整个康德的知识论是一个科学的、经验的知识论,讲的就是经验科学的知识王国何以可能,有什么职权范围。康德认为,为科学知识立法的是知性。人类的理性在知识范围里所拥有的权力不是无限的,而是有范围的,是为进入到时空范围里的那些感觉经验立法。

立法权在知性、主体、主观手里,是不依靠经验的。这就是说,知性并不依靠感觉经验提供的信息去立法,而是根据理性(知性)王国本身的规则(时空因果)立法。知识范围里的知性是一个立法机关,它的权力不是经验给的,它是超经验的、不依靠经验的。这就是康德在知识论里说的"知性为自然界立法"的意思。

自然界之所以可知就因为它服从理性—知性的法律,至于事情本身的那一面是不可知的,在知识论里不问它。康德的知识论抛开了本体论,认为那个本体、存在不可知,事物自身、物自体是个什么样子不可知。也就是说,知性的权力不能超越自己的范围——经验的范围、时空的范围。超越了这个范围就没有权力,形成不了知识,因为那些超时空的事物自身不是知识的对象,也不是知识王国里面的臣民。康德的知识论不涉及本体论,不以本体论做指导,这也是大家常说的和后来常遭批判的。他认为存在论是一些没有内容的东西,是非对象性的,不成其为内容。存在之成为存在不是知识对象。这个存在不是存在物的个体化和属性,不在时空之中,不成为宾词,不是经验的对象。说"事物""存在"对于"事物"并不强加任何"内容"。

第十一讲 经验科学知识论与存在论

康德的知识限于经验性的存在物,是以先验主体知性为根据的经验的知识论,从而把知识限制于现象的领域,而不进入本体存在。所以他说,我限制知识,为信仰留有余地,科学知识归科学知识,信仰归信仰。他已经显示了一个趋向:没有存在的知识,只有一个一个经验中的存在者的知识,没有本体论和存在论。也就是说,关于本体意义上的存在不可能形成知识,不是知识问题。这就意味着除了科学知识以外我们确实还有一种形态,不是康德意义上的知识,不在经验、科学知识的范围里,但同样是理性的。

康德的批判哲学限定理性在知识范围里面的权力,除了大千世界、具体的经验领域理性具有知识的权力外,理性在本体本质的领域并无获得知识的权力。康德认为关于大千世界的知识是现象,在时空之中显现出来,而那个本质是不显现的、躲起来的,是暗的。暗的东西不可能用知识的范畴、概念、因果律去把握。它之所以暗,是因为它乱,不进入时空的秩序、因果的秩序。乱是什么意思呢?乱是自由。自由不是必然的,它不可规范,不可知。康德说自由不是知识对象。

康德的知识论只是现象、表象、开显的部分、经验科学的知识。他留下一个问题:本体没有知识,那么有没有哲学的知识呢?如果把哲学知识理解为对于本质、本体的知识,则康德对这个问题的回答是否定的。康德的意思是:我们当然能够从哲学上理解经验知识的条件和根据,但并无权力宣布哲学拥有本体的知识。因此,康德把自己的哲学叫做批判哲学,他的哲学是批判性的(critical)。"批判"就不是传授知识,而是厘定、分析理性的界限,制定权力的界限。那么康德哲学是不是形而上学,是不是要另建一种新的哲学?对于这个问题是有争论的。在康德之后,黑格尔又恢复了哲学知识的权威。不同于经验知识、一般的科学,黑格尔说哲学是最本质的科学、最真实的知识。

康德的知识论是有问题的,他的知识的对象是主体建立起来的。康德的时间是形式性的时间,不是实质的时间。因此,建立在这个时间上的因果也是形式的,尽管它强调要有内容、直观。康德的三大批判中第一个就是理论理性的批判,任务在于厘定理论理性的权力范围。

四、经验科学知识的存在论基础

从存在论来看,时间和空间并不是形式的。时间和空间不仅仅是存在者的形式,而且是存在的、本质的存在方式。在这个意义上,存在论里说的恰恰是那个最根本、最实际的时空,而不是康德说的先天直观形式的时空、序列(sequence)。康德知识论理解下的时空是为范畴的因果必然"提供—输送""材料—内容",似乎不是本身就有材料、内容。而在未受因果范畴制约的情况下,在时空作为在现形式之外的感觉世界"自身",不变"先天规则"的限制,因而是自由的、能动的,不受因果必然限制的,因而常常被知性看做"无序"的。事实上,对于"存在"的知识、对于本体的知识恰恰是最根本的知识、最本原的知识,有了它才有经验科学的知识。

时间进入到存在中,这是海德格尔的工作。而此前黑格尔说,无限就"在"有限中。虽然黑格尔把他的"本体"仍理解为超时空的,但我们却可按他的(以及康德的)思路推导至这样一个观点:既然无限就"在"有限中,或既然"无限"只有进入"有限"才能"(存)

在"起来，那么，无限—本体只有进入"有限—时空"才能成为"现实""存在"。于是这个意思就和海德格尔相通了。这样，我们说，本体论恰恰就在现象论里面。

传统形而上学把"存在"与"存在者"对立、脱离开来，似乎在"有限者"、"存在者"之外还有一个"无限"、"存在"。黑格尔改变了这个思路，指出"存在—本质—本体—无限"就在"存在者—表象—现象—有限"之中。这样，形而上学—哲学所思考的那些本体问题，才不是抽象的、片面的，而是具体的、全面的。在这个意义上的"存在"才是真实的、现实的。同时，一切具体的东西、存在物都限制不住自身，一切有限的东西都要走向毁灭，一切存在的东西都要走向非存在。"存在"既为"全"，就不仅仅是一个"单一体"，而是一个"复合体"，而且是一个"矛盾体"。这个"矛盾体"在知性看起来有点"乱"——"现时""包含"了"过去"，而且"蕴涵"了"未来"，"存在""在""变""动"中。乱就乱在既是有限的又是无限的，既是存在的又是非存在的，表面上不可调和的对立面纠缠在一起。

黑格尔说哲学知识是辩证的知识，哲学作为知识体系来说就是辩证法。在哲学知识里面，概念本身不是固定的、静止的，而是动的。概念意味着界限，但辩证的概念——亦即在辩证理解下的概念却蕴含着"无界限"，"不受界限限制"，亦即意味着"界限"将会被打破，意味着"否定"——"界限"的否定。于是，有限的概念本身孕育着无限的东西，是一种自由的概念。所以，概念本身开显自己，通过矛盾开显自己。概念本身就有时间性，就是自由的。这样的概念建构起来的就是哲学知识体系。20世纪的一位法国哲学家说过，知识好像一座大厦，用概念的砖块砌成，但是这些砖块之间是活动的、自由的。哲学知识是自由的，人们可以把砖块打散了建构自己的哲学体系。黑格尔所谓的辩证法不是变戏法,不是为实用、功利目的而随意应用、变换概念,而恰恰是摆脱了实用以后的自由的知识。在黑格尔这里,概念是动的。动就是变,于是时间进入概念,进入存在。问存在不仅仅止于问它是什么东西,而且要问它在时间中的"变化"。

通常我们说,时间有三个度。一般来说,经验科学侧重现在、永恒的现实,而哲学的侧重点恰恰是过去和未来。存在论恰恰是要研究存在里面的非存在,非存在里面的存在。一切科学都以存在为对象,以"有"为对象;唯有哲学可以以"无"为对象,从无里面看到有,从有里面看到无,从现在看到未来,从现在看到过去,也从"过去"和"未来"的角度审视"现在"。

然而,我们说的现在中有很多东西是过去延续下来的,那么是现在还是过去呢?现在的东西将来还会在,那么是现在还是未来呢?过去、现在、未来纠缠在一起,存在与非存在纠缠在一起。面对这样一个现实,康德看到现在显现出来,而过去和未来都隐藏在现在里面。但是,人的存在包括了它的过去和未来。这就是最本原的、存在论的知识,就是胡塞尔所说的以人为对象的人(文)学,人之所以为人的最基本的、理念的知识。这个知识是显现的,不能理论化、公式化、形式化,而恰恰是具有内容的、实际的哲学的知识。

最本原的知就是本质的知、存在论的知、哲学的知,而把这套知识用辩证的概念结构成一个类似于经验科学的体系的是黑格尔。哲学是一门知识、科学,是可教可学的,但不是一般的经验科学。其区别就在于哲学的知是最本质、最根本的知。它是包括而且超越(在黑格尔意义上)时间在内的存在的知识,不是一种仅仅停留在形式理论上可以推论的知识。事实上，黑格尔已把"时间"包容到哲学本体论中，只是他认为"时间"这个环节在"本体—理念—绝对"中已被"超越"。所以，对于黑格尔，辩证逻辑就是哲学、自由的逻辑体系、理性的体系；而把时间真正引入哲学，将时间与存在同一起来的是海德格尔。

或许海德格尔会被认为不好懂，但套用他自己的话，真理之所以有时显得不好懂，不是因为太复杂，而是因为太简单。从某种意义上说，哲学不是经验科学和技术科学的专业学问——这些学问因常年积累，要学习起来是很困难的。哲学当然也要学习，但由于它是关于人之所以为人的本质的科学，是理念的科学、存在的科学，在某种意义上，它是直接的，直接问的就是本体论的东西。人在声色货利中习惯于复杂思维，但实际上的人是活生生的、历史性的、时间性的人，这才是最基本的。胡塞尔说，你睁开眼睛第一眼看到的世界是最根本的世界、最本质的世界。当今自然科学发展到这个程度，胡塞尔就是要把它剃掉，剩下那个本质，那个最根本的、绝对的、哲学的知识。

知识论从康德到黑格尔、胡塞尔，再到海德格尔，又回到了存在论。我们的思路回到了把存在论作为最基本的知识，知识之所以可能才能得到最清楚的回答。只有在存在论的基础上来理解知识论，知识论才有一个坚实的、现实的基础。

参考书目

(德)康德. 纯粹理性批判. 第 2 版序文. 导言
(德)黑格尔. 小逻辑. 第一部. 逻辑学

第十二讲　价值论

我们这门课以形而上学为主干。在存在论这个基础上有两个方面的问题：一方面是关于知识的问题，一方面是关于价值的问题。这样，存在论、知识论、价值论这三部分内容就可以基本涵盖哲学的问题。这一讲我们要讲价值论。

一、为什么要讲价值论？

我们的立足点是如何在存在论的基础上、在形而上的系统里讲价值论。为什么要讲价值的问题呢？不仅是因为价值问题是西方哲学的一个重要方面，有很多的著作和思想，而且也因为价值论非常严重地涉及存在论的合理性。它们在理解上有很严重的分歧，我们要讲完整的存在论必须要讲价值问题。

二、"价值论超越存在论"

价值问题在相当一部分哲学家看来是超越存在论的、超出存在的东西。价值不是一般经验层面的价值,不是实用的、实际的和现象的价值。那么,在形而上的意义上,在经验以外、本质的层面上怎样讲价值?

从古希腊柏拉图开始,就提出了理念论,考虑存在论怎么与价值结合起来的问题。存在论不仅讲存在物,还要讲存在。存在在柏拉图那里是理念(ideas),理念的意思是理想,理想就有价值的问题在里面。柏拉图提出,一切理念的理念(idea of ideas)就是善的理念,最高的理念就是这个善。价值讲善、好,不是经验里面的"好",而是形而上意义上的"好"。这个"好"历来被认为是超出于一般存在物的东西,比万物要多出些东西。这个思路一步步发展到后来,通过康德,特别是法国的一些哲学家,似乎一直抓住一个问题——那就是,存在论不能包括善的问题,善超出了存在论的问题。这个多余的、超出来的东西不是幻想的产物,而确确实实是有根据的。存在论不能囊括价值论。那么,存在论又如何与善的问题结合起来呢?

认为价值论超越了存在论这个大系统的观点开发出了很多有意思的思想。在柏拉图那里,实实在在的、感觉到的日月山川已经不能符合日月山川的理念了,还需要有一个一切理念的理念、最高的理念。那么这个理念在哪儿?这个理念不存在了。最高的理念不是一般事物的理念。所以,到了亚里士多德那个时候,善的问题固然又有回到经验论的倾向,但他的目的因也有一个最高的目的。这样一个目的是达不到的。因为达不到,它就超出了存在。所以这个"善"不为存在论所涵盖,也即意味着它不存在。这个基础的问题很严重。

三、康德的价值论:自由

善的问题、价值论的问题到了康德那里,接续了柏拉图的意思。价值论在康德那里要找到一个绝对的价值,它区别于经验的好坏,是一个绝对的东西、一个绝对的好。什么是绝对的好呢?绝对的好在行为的动机里面,不是行为的结果。结果都是相对的,只有动机可以说是绝对的善或绝对的恶。所有你做的事情的结果都是相对的,只有在动机里面有绝对的善。可是,这个动机还没有行动,不可能从结果去推论动机,动机不可知,这是康德的一条原理。

对康德价值论的评价,常常说他是动机主义者,不是效果论,是动机论。这话不错,但是要知道,动机不是知识,动机是不可知的。为什么不可知呢?按康德的意思,因为它不在时空当中,在脑子里,而在脑子里解剖不出意义来;所以,它不是知识、存在范围里的事,也就是不存在。因此,康德的动机论的意思并不是我们一般所说的经验上的理解。自己的动机你自己也不知道,不可理论化,不在时空之中,不是知识的对象,不可知。

在康德那里,价值论不属于存在论和知识论,而是属于实践论,在实践理性的范围内。实践理性是自由的范围,而自由是无条件的,与感性的世界没有关系,因而不属于知识范围,属于意志范围。也就是说,价值论属于意志范围,意志自由是价值的基础。这样,从康德开始以下三个领域有了非常明显的界限:真的领域(知识论、理智)、善的领域(价值论、意志)、美的领域(情感)。

意志是什么呢?意志是一种欲望、欲求。真理在于理性形式和感性内容的符合一致。一般说,价值在于欲求和它的目的与结果的符合一致,就是善。但康德价值论的基础是意志的欲求,而欲求是自由的。自由的欲望、自由的欲求才是价值论的基础,所以价值论的基础是自由欲求论。如何理解自由欲求是哲学里面一个非常重要的问题。

我们一般说欲求可以理解为缺少什么、希望什么。从感性上说,人本来有一些固定的欲求,包括声色货利。中国古人说"食色性也",人有他的本性。这些我们通常理解的欲求有很强的合理性,是一种自然的欲求。缺少什么就希望什么,饿了就要吃,渴了就要喝,这种欲望是天经地义的。当然,也会有一些经验的规则来限制和调节欲望。这些规则随时都可以变化,但是欲求的基础总是欠缺、感性的欠缺。从感性的欲求出发可以得出一些很机智的想法,比如费尔巴哈说"胃里缺水,于是满脑子都是水",但这不是我们哲学里讲的自由意志。

哲学里讲的欲求、自由欲求怎么理解?首先,康德提出要摆脱一切感性的支配。摆脱了感性的支配,这样一种意志才是自由的意志、自由的理性。康德说理性自己就有实践的力量,自由本身就有力量,理性本身就有能力,不用感性驱使,我就从直接的理性出发决定我的行为、我的动机,这才是真正自由的意志。这是哲学发展到康德的一个非常深刻的想法。

康德说到这个程度,后人还是认为不够。仅仅说理性自身的意志自由,正如知识论的问题一样,你的价值论同样带有形式主义的意味。没有任何感性的力量,没有超出感性和理性的对立,这个自由是形式的自由,这个意志也是形式的意志,它就是理性形式本身的一种力量。黑格尔就问,你怎样断定理性本身有能力呢?这是独断。黑格尔说理性之所以有能力是因为有矛盾斗争,理性克服、征服感性的欲求,面对现实。通过无限与有限的矛盾斗争统一的过程,这个自由才是有内容的。

我们有很多研究中国哲学的人喜欢康德,其实康德道德哲学和中国传统儒家伦理学还是有很多区别的。这里只能说,康德的道德律是绝对命令,没有感性的东西,"存天理,灭人欲"。这样一来,这个命令、天理被后来一些哲学家认为恰恰是软弱无力的,只有形式,没有现实的力量。因为力量是从现实中来的,是实质性的东西,不只是一个空的理想、动机。康德的善良意志是软弱无力的,这是包括马克思在内的很多人的批评。

四、尼采的价值论:创造

在价值论上不可忽略的,还有一个非常重要的人物,那就是尼采。尼采的思路在哲学的层面是什么思想呢?尼采的思路是,康德的意志实际上是没有意志,没有意志就是不自由,那个自由是形式的,不是实质的。所以,康德的价值论是把自由架空了的价值论。那么,进一步来说,又该怎么看待意志、自由和实质性的能力呢?

意志论的创始者叔本华认为,自由的意志是本原。从康德到费希特的形式理性发展到黑格尔,这个理性变成辩证的。而到了叔本华,他提出意志根本不在理性里,不在充足理由律里。他有一篇很有名的文章说,理性要论证、证明,推论到最后要有一个充足的根据律,而他的意志论不在理性根据律里面。这一下启发了尼采。

尼采走得比叔本华更远。叔本华后来认为意志变成了一个麻烦的东西,意志很可怕,意志是个魔鬼,于是又回到希腊的理性的艺术、哲学中去,以暂时摆脱这个意志。叔本华的思路又收了回去。而尼采认为根本不必收回去:那个意志不在理性里面,不在理性里面就回避了"理性本身怎么能有力"这个问题,意志本来就有力。"力"这个观念后来越来越重要,一直到现在还是活的观念。意志本身就是一种力量,所以在尼采那里,自由与意志都与一个观念——创造分不开。自由就意味着创造,没有不创造的自由。这样,在西方的语言里面,自由从摆脱、解脱的消极意义变成了创造的积极意义。那么,自由意志创造什么? 它与过去理解的意志、欲望到底在哪些方面不同? 我认为,要请大家注意的,关键就在"欠缺"这个观念上。

这也是尼采的贡献。尼采说意志自由就意味着创造。它是有力的、实质性的,不是形式的。它不是欠缺,不仅不是欠缺,也不是需要(need)。它甚至不是充实,而是满、溢。萨特说人作为哲学家给这个世界增加"无",这里也有所"增益";而人的意志不是欠缺的,也不仅仅是自满自足,还"溢"出来了,"多"出来了。古代哲学叫"流射"。强有力的意志是一种力度,力度意味着太多了,太多了就要"流射"。这是古代的想法,后来与基督教结合起来,便说上帝流射出世界。人摆脱了感性支配,自由的意志是一种"满溢"的意志。"满溢"这个词不但尼采使用了,列维纳斯也使用了。

这个思路过去没有充分展开,现在的人把它接续了下来。自由意志不是欠缺,也不是自满自足,而是能动的、有力的,是多出来的、满出来的,是一种开创性的力量。价值是它开创出来的,意义是它创造出来的。自由意志不是"取",而是"给"、给出来的、给予。价值、道德绝对地给,不取而给,这就是自由。自由意志是给予这个世界的礼品,是无偿的、不要回报的、没有交换的。没有事先预设的善恶标准,这才能谈到成败利害在所不计。强者就是充满了这种自由意志。这是绝对的给、纯粹的给、对这个世界的赠与。赠与当然也可能是不受欢迎的,所以赠与不考虑这个世界是否喜欢,不是一种计谋、计策,没有任何标准。而善恶是一种谱系,这个经验的标准是随时在变的,但在创造的时候我是自由的,不考虑这个。

创造、自由,我本身就是标准。创造者是其创造物的绝对的评判标准。绝对的善在创造者,而不在被赠与者,这就是"权"。这个权不是世俗的,它在自由意志、创造者那里。意志自己创造,自己评判。这个权和力是不能分的。赠与、给予是纯粹的东西,不是需要——既不是创造者的需要,也不是被创造者的需要——这样的世界才有生命力,不是一种静止;"权"才是一种"力",而不是平衡(balance)。所以,尼采的思想离经叛道,很怪。怪就怪在他确实抓住了与一般现象不同的东西,在理路上找出了一条不受存在物限制的路。

即使是在古希腊那种艰苦的条件下,整个人类活动的根基也能体现出人的自由、人的非欠缺的意志这样一种在萌芽状况下的意义。这种价值论一直持续到现在,继续奠定在一个创造性的、自由意志的基础之上。创造是什么意思呢？创造就是从无到有，从非存在到存在。如果说我们侧重点是在一个非存在、自由的角度，那么我们的价值论似乎脱离开了存在论，从无出发，没有任何前提。但是它有现实性，因为它开创了一个世界。这才是有实质性的力，而这个意义上的创造是康德所缺少的。

创造在时间里面。康德在《实践理性批判》里也讲到时间的绵延，这个时间的绵延通向至善，通向天国。必须在无限时间的绵延里设定一个至善的最高价值和天国的存在，否则就没有人做好事。康德在另外一种形式下想到了实质的东西，这个实质性的至善不是形式，不是作为动机那样的形式的东西。最高的善包括了现实的东西在内，否则就是空洞的善。他想到了这一点，但并没有展开，而是通向了宗教——基督教。

恰恰基督教是尼采最反对的。尼采用人自身实实在在的创造代替了上帝的创世。康德把知识的东西限制住，给宗教和信仰留有一席之地，但是尼采不留这个余地。过去，我们对尼采的理解是比较肤浅的。我们过去研究尼采大多重在思潮性的，不是哲学性、学术性的，其实尼采有很深的哲学根基。尼采不仅仅是反抗、呐喊，而且是创造性的、勇往直前的。尼采认为科学是愉快的，失败常有，失败最关键的问题是要珍惜前面的机遇。他认为机遇是第一位的，偶然的东西不可避免，要抓住它，永恒的轮回就是机遇的轮回，不是理念的同一。所以，尼采对一切感性世界的问题、偶然性的认识态度是最彻底的。

时间就像掷骰子，不是康德说的像数学那样为"先天直观"。时间不是数学化、计算化了的，而是实质性的。实质性就是充满了偶然性，就是人作为自由者抓住时机，珍惜一切机遇，不能放弃。

这样一种强有力的思路不是经验主义的,而是把经验的东西提高到了形而上的层面上来思考的。

尼采在价值论上把善的问题、道德谱系问题、自由问题和意志的问题都提高到形而上的高度。只不过,他不用体系性的说法,和当时其他的思想家不同;但就其思想实质来说,尼采仍是有系统的,是有理论的连贯的。实际上,他想的问题都在哲学的层面上。

五、价值论是存在论的一个部分

最后一个问题:价值论与存在论到底有什么关系呢?价值论立足在非存在论上,好像立足在一个空的地方,如果不以时间观念看,好像是脱离了存在论;但如果把时间观念引向价值论,那么价值论实际上是存在论的一个部分。根据何在?根据就是我们一直强调的对过去、现在和未来的理解。

我们区别存在物和存在。如果说科学是关于存在物的知识,那么哲学是关于存在的知识,这个存在恰恰是时间性的。真、善、美之所以被认为是在存在论以外,就因为它们是超乎在场的,超乎存在物。所以,在某种意义上说,它们不同于存在物,而恰恰都在存在的范围里。它们强调的是过去和未来。

什么是"真"?哲学讲的"真"在过去和未来。什么是"善"?"善"强调的也不是现在、现实的东西,而是过去和未来。一切从未来的眼光看,所有存在物都是过去;而未来是不确定的,在科学上只有极有限的预言权,未来是永远开放的、有机遇的。"美"同样不是现在,也体现着过去和未来。一切都是自由的,并不是现在有用的东西。

就真理问题来说,哲学的真理蕴含了过去,展现了未来,它是一种自由的时间。真、善、美不仅仅是善涉及非存在,超越存在物,真和美也都超越了存在物,进入到了存在的行列中。在这个意义上,真、善、美同样是一种价值。并不是说,真就是知识论,善就是价值论,美就是艺术的。在存在论的意义上,真、善、美是同一的。

参考书目

(德)康德.实践理性批判

(德)尼采.道德谱系

第十三讲　通向宗教的价值论

我们讲过了哲学与科学、实在和虚拟,也讲了一般经验的道德规范与价值的本原意志,那么现在就要问,这三条途径、三种把握方式跟宗教是什么关系?

一、哲学与神学的一般关系

宗教是把握世界的一种方式。就本体论来说,宗教的问题可以直接从价值论、意志论、道德论里面开显出来。开显出来的宗教是西方世界强调的基督教,它是通过善、道德、意志这个系统推导出来的。

宗教的形态也有很多,世界上有三大宗教:基督教、佛教、伊斯兰教。其中,我们现在讲的西方的哲学体系与基督教有着千丝万缕的联系。广义的宗教从本体论的三大块——真、善、美都能进入,从哪一条道路进入都可以有自己的理路。但就我们哲学来说,近代以来,从道德论、意志论、价值论、至善论这些途径进入宗教,让基督教的问题更加清楚。

在古希腊的时候没有基督教,只有神话。从某种意义上说,从古代希腊形而上这个系统开显出来的宗教问题很难引向一神的至善、至美、至真的基督教。也就是说,在强调知识论的基础上要开显宗教问题并不容易。我们哲学的一个功能就是要化解宗教。哲学与宗教都有追根寻源的思路。哲学要理解宗教的问题,把它的理路和本质找出来。这个理路不是抽象的,不是知识论的理路,而是时间的道路、轨迹和理路。让时间的过去和未来在我们哲学里面开显出来,那就是把握了宗教,理解了宗教,也就是征服了、化解了宗教。

当然,有人说反过来宗教也化解哲学。中世纪宗教化解哲学那么长的时间,但是最后它自己要寻求哲学的帮助,寻求本体论、知识论、价值论的帮助。于是才有关于神的存在的证明。基督教碰到的一个尖锐的问题就是神存在不存在,有没有神。这是哲学史里面的一个大问题,也是宗教学、神学的一个大问题。在这个问题上,恰恰是神学家寻求哲学的帮助。当然,你也可以理解为这些神学家利用哲学为他们的宗教辩护,把哲学当成工具和仆人。但从我们做哲学的角度来说,神学家如安瑟伦、托马斯等就是要寻求哲学的帮助,要证明神的存在。这是首先碰到的信仰的第一关,在神学家看来这是一个严峻的挑战。谁提出来的挑战呢?哲学、本体论。

二、知识论与神学

说神,自然就会问有没有、存在不存在。就我们现在来考虑,这个问题提出来实际上还限于"真"的领域。作为一个存在者、事物来考虑神,除"眼见为实"外,还要在道理上、理论上证明有这个事物,作出证明似乎就确凿无疑、不可颠覆了。拿什么来证明呢?证明只能用概念推论出来。证明首先要设定公理。神是一个什么概念?神是全知、全能、全善;神是一个大全,无所不包,不是一个个别的属性。设定了这个以后,就能推断出来:既然是大全,就一定是存在。跟一般的感性的、经验的存在不一样,这个大全恰恰是无所不在。它不可能不存在,如果说它不存在,那它就不是"大全";既定义为"大全",又不是"大全",就自相矛盾了,而自相矛盾的东西是不可能的。因此,神必定、必然存在。

安瑟伦的基本思想就是这样的。神不但存在,而且必然存在,神不存在就是自相矛盾,而自相矛盾是不可思议的。反过来说,既然有神的概念,就必定有神的存在。这在抽象理路上似乎是非常过硬的,所以安瑟伦关于神本体论的证明不可以等闲视之、忽略不计,不是简单的无知、错误和迷信。

用概念去证明存在,这样一个思路到了康德那里有了一个转变。他不赞成这个思路,从而在道理上有了另一种思路。在《纯粹理性批判》中,康德专门批评了关于神的本体论证明。他一共批评了三个证明——本体论的证明、宇宙论的证明、自然神论的证明,但核心是否定本体论的证明。

康德的思路是,不能用概念来证明存在。概念是概念,存在是存在。存在必定在时空之中,是一种感性的方式,可以直观;而神这个概念不是一个经验的概念,不在时空之中,任何事物的概念,哪怕是经验的概念,都不能推出这个事物的存在。一切存在都是具体的、实实在在的、在时空之中;而作为知识论的概念与实际存在的事物有对象性的关系,就因为这个概念是有限的。对于康德的经验知识论来说,有这些具体的有限的概念就够了,就能构成知识体系,而不必顾及经验、具体、个体的存在。也就是说,个体作为存在者的存在并不增加知识。存在并不是一个特殊的属性,而知识论讲的都是存在者,在知识论里面不用把存在作为一个属性加进去。这个思路说明康德的知识论恰恰只是理论的知识、概念的知识、形式的知识。它不需要实体存在作为属性或条件加进去,所以存在不是知识的对象,不是宾词。

神的概念不一样。神不是有限的概念,而是无限的概念。不可能从这样一个最高的概念推出、证明它的存在;因为这样的概念不在时空之中,一切时空都是受限制的。大全、无限不在时空之中,因此不可能像经验概念那样形成一个理论的知识,不可能理论化、形式化,不可能证明,不仅是本体论的证明不行,自然神论、宇宙论的证明也不行。这个大全、无限,康德认为仅仅是一个理念。思辨理性不可能证明它的存在,不可能由概念、理念推出它的存在。大全、无限与存在者无关。

理论上没有矛盾的不等于实际存在。神作为一个大全、无限,它也有个性、人格(personality)。康德把它叫理想,不是现实、实际,是理念上的理想,是作为理念象征的东西。所以,从这个思路出发一切证明都不对。这样就出现了一个问题:神、宗教问题在康德的知识论里是不可知的,它仅仅是一个理念理想,没有对应的经验的对象。那么,怎么理解神这个概念的必然性、必定性呢?

从康德开始,人们明确了只能从自由的价值、自由的意志,只能从道德这条线索,只能从实践理性批判引导通向神的道路。它不是理论的问题、证明的问题,而是实践的问题。只能通过道德的实践、德性的修养这条道路来趋向神,理解通往天国的道路。这同样也是理性的,但不是形式的、知识的证明。

三、价值论与神学

价值论怎么会通向宗教呢？价值论有经验的方面和自由的方面的不同,我们强调的本原性的价值是意志的创造、意志的自由。尼采说过,创造并不保证你成功,意志的自由、道德的责任并不保证你幸福,你在谋求幸福的时候可以不考虑道德、自由;道德与幸福在康德那里是绝对分裂的。并不是所有有德行的人都有幸福,往往是德行很高的人并不幸福,而无德、缺德之人有时反倒很幸福。人世间的现象世界就是这么不公平。

什么时候是必然的呢？什么时候自由的创造必定符合幸福的规则呢？神城一定如此,天国一定如此。在神的王国里,有德之人必定有幸福,有幸福的人必定是有德之人。在我们尘世间,腰缠万贯的人不敢断定就一定有德,不能进行必然的推论;那些很穷的人也不能说因为他穷,就推断他一定缺德。可是在神的王国(kingdom of God)就可以做这个推断。你看到幸福的、有钱的可以推断他一定有德,看到有德的人可以推断他一定幸福。

古代的哲学家有一派认为有德本身就是有幸福,这是康德所反对的。讲德行的时候不要考虑是否幸福,讲幸福也不要考虑是否有德行;只有在神的王国里可以作这个推断,这两者必然结合在一起。有必然性,就是说理想和现实是统一的,理念就是现实。这样,从实践理性再往前推进,必然要设定神、天国中德行和幸福两者之间的结合,而不是在经验世界证明神的存在——这种结合,仅仅有道德律也不行。后来法国人列维纳斯说,在康德的实践理性思想里面,他的道德律可以不要神,只有讲到道德和幸福的必然关系时,神才出来。他说得很对,康德自己也说过这个意思;但现在的问题是:神和我们的存在论有没有联系呢?

四、存在论与神学

现在也有哲学家认为,存在论不能涵盖价值论、道德、艺术。在康德的意义上,神是"非存在"或"无关乎存在",不是存在不存在的问题。德行和幸福的必然统一叫至善。至善意味着完成(好),是超越存在的,于是有无关于存在的宗教,超越存在的神。这个理路也直接出自康德。

康德认为,善是超出于知识论的部分,超出于形式的时空的部分,是属于实践理性的,而这种幸福与德行的统一、神的王国是高出于现象界的领域。这条思路被列维纳斯推广,认为形而上学(metaphysics)本身并不是存在论,还有更超越的东西,是伦理学、道德论。meta是超越,physics讲的是诸存在者,超越了诸存在者的就是道德(ethics)的问题。物的后面是人、伦理、道德。康德的实践理性批判实际上超越了存在论、本体论。

这套思想与我们以存在论为中心来开显知识、伦理、艺术的思路好像是不相合的。就康德来说,关键在于对"时间"的理解。时间的问题被他只纳入到知识论中,而且是形式的时间。如果把时间引入存在论,又会有一种什么样的境界呢?不是说康德错了,康德面对的是传统的存在论,是把存在作为存在者来理解;但是如果不把存在理解为存在者,把它理解为就是事物本身、本质,它本身就是一个开显的过程。这就是后来黑格尔的工作。

就以康德的思想来说,幸福和道德这两个在现实世界——现象界截然分开的东西,在现象界是经验的、偶然的,在天国则是绝对的、必然的,在神的王国里面,现实的东西与理念的东西结合了。《纯粹理性批判》讲到理念、理想为止。到了实践理性、宗教、神的王国里面,这个理想就有现实支撑了,理念就与现实结合了,道德就与幸福结合了。两者是必然的关系、理性的关系。动机和效果在现实世界往往是矛盾的,但是在宗教的领域,在神城—天国,动机与效果是一致的。于是,"神"掌握着"德性"与"幸福"天平的契机。它掌握着这个"权"(度量),掌握着"分配""权"。它的"至善",亦即"至公平"。你在不幸的时候要想到,全世界的人都忽略了你,但是神没有忽略你。你做了好事没人知道,但是神会知道。这样一来,幸福和德行是一致的。这是个现实的东西,不是虚无缥缈的,在理性、理路上是确定无疑的。在这个意义上,神有了现实性。于是,这个意义上,存在论又出来了。康德意义的"天国—神城"不是幻想,而具有"现实性",因为"神"管理着"德性"和"幸福"的分配比例,而"幸福"是实实在在的东西。"德性"可以是"内在"的,"幸福"必定"外在","幸福"必定涉及"存在"。

五、在"未来"的立场上

经验的世界就是现实的、现时的、现在的世界,但那个所谓的超验的未来——天国,康德并未忽视。人能够知道什么?人应该做些什么?人能希望什么?这个希望问题也是康德提出来的。

什么叫希望?希望与未来相联系。希望不是知识、谋划,而是超越知识论的。未来是不确定的,对于不确定的东西的思考就是希望,对于时间的哲学性的知识就是希望。在时间的绵延中,希望寄托在未来。这个信心是理性的,而感性主要关注现在。所以,希望的概念恰恰是未来的观念。未来的观念又是很现实的观念,对于经验和知识来说它只是一种可能性,但却是必然的可能性。

每个人在原则上是自由的,自由开显一个可能性,这个自由又是必然的自由,无法回避。萨特说自由是注定了的,它让人战战兢兢、如履薄冰,自由不是放任、为所欲为。这个自由是很慎重的,是理性的自由、道德的自由。自由要负责,向未来负责。责任是自己做出来的,也是外加给你的。因为自由,所以你才有责任;或者反过来说,恰恰是因为你对未来负责,你才必定是自由。这些统统都是现实的。时间就是最现实的,而不是像康德说的那样只是先天的、形式的东西。这种历史的必然性、时间的必然性不是理论的推算。实质性时间里面发生了什么事情是没法推算的,它是自由的,这种自由又是必定会有的。

我们说,应该的东西还未存在,但这个sollen同样属于存在,是未来。所以sollen同样在存在论里面。在这个意义上说,胡塞尔意义上的本质的科学—哲学要问的既是理念的,又是存在的。海德格尔说他始终是在现象学的道路上,就因为他的存在论有了时间的度。有这样的度,形而上学就是存在论。而这些被认为在存在以外、无关于存在的问题,仍可在存在论涵盖之下,至少对于我们研究存在论具有很大的作用。康德的实践理性批判,对于我们从存在论出发来研究形而上学有非常大的启发作用。在这个意义上说，我们又回到了亚里士多德的用法。他说第一哲学就是神（圣）学（theology），实际上就是本质学、本原学，就是存在论。

我们的重点不在眼前的现在，而在过去和未来。存在论不是站在现在的立场来回忆过去、展望未来。我们不仅仅是站在知识论的立场，而恰恰是站在更加圣洁的立场来看这个世界。这是我们哲学的任务。因此，在这个意义上说，我们常常是站在未来的立场、希望的立场来看过去和现在，而站在未来的立场看问题，现在同样是过去。

在这个意义上，我们又回到了柏拉图：我们一切的知识、智慧是"回忆"。站在本质的立场、事物自身的立场就是站在未来的立场，也就是站在神圣的立场、纯洁的立场。我们搞哲学的大多数是未来主义者。

什么叫思？思是思念。"思念"和柏拉图的"回忆"有些相似，思念就是未来思念过去，包括现在也是过去。只有神（基督教意义上）这个理念是站在现在，看过去、未来都是现在。只有这个神"经历"了一切。我们没有经验过明天会怎么样，神经验过。神的立场是一切过去、现在、未来都是现在，因此，它是全知。

在这个意义上，人只能在存在论的意义上讲神学（theology），只能在未来的立场回忆、思念、思考本体的问题，而不可能把本体论当成一个经验的事实。这就是哲学的知识。哲学的知识不能代替经验的知识。哲学的知识不是基督教意义上的神学，而只是神圣的、纯洁的一门学问。它不可能把过去、现在、未来都经验了，所以我们只能在存在论上理解这个世界的完整性。

参考书目

(德)康德. 实践理性批判
(德)费希特. 批评一切天启

附录　哲学十四讲

2002年秋,北京大学哲学系"哲学导论"课讲演录。

第一讲　哲学是一门怎样的学科？

这堂课只是导论。主要目的是让大家首先对哲学有较明确和清楚的概念，能够对哲学越来越有兴趣，而不仅是介绍重要的知识和材料。——这就是这堂课的目的。

大家要树立明确的观念，开始学哲学最好的途径就是读原著。读不读原著是态度问题，读不读得懂则是相对的水平问题。难读是意料之中的事，但正因为难，才要尽早开始。以哲学为业，就不能绕开这一块，而教材只能作为二手材料使用，它只能是参考和"地图"。

哲学包罗万象，很杂，所以也需要有自然科学和社会科学知识的补充，需要有理科的基本训练。

外语对于哲学来说是很重要的。哲学著作有相当部分是外文的，所谓读原著应该是用它原创者的语言来读。以哲学为专业，不能用二手材料，不能只依靠译著（包括英、日文的译本也只能是做参考，当然，这种参考有时对理解原文也是很重要的）。哲学要求读原著就像学中国传统哲学要读古文一样，虽然难也要如此。

为什么要有如此的要求呢？海德格尔曾说"语言是存在的家"。对哲学来说，语言不仅仅是工具，而且还是存在方式。原著者怎么说,你就该怎么学、怎么听、怎么体会。当然,并不是要马上如此,但读原著应成为原则,在学习过程中不断明确。

哲学是包罗万象的,那么,该如何进入哲学呢?它的门在哪里呢?我说,条条道路通哲学,无论哪门学问都会接触到哲学问题。那么作为专业,哲学不同于其他学科的要求、方法、道路何在呢?

这要来看看哲学和哲学史的关系了。哲学和哲学史是不能分的。各门学问尤其是文科都离不开历史,但历史对哲学有着特殊的意义。在某种意义上,哲学就是哲学史。哲学史有历史学的研究方法和要求,同样,哲学历史也有哲学性的研究方式(当然也得关心历史背景)。问题在于我们是对哲学做思想性的研究。

从一个角度说,我们可以将整个哲学史设想为一个人在讲,即"接着讲"。但各个哲学家之间又是不可替代的:柏拉图替代不了苏格拉底,费希特替代不了康德,谢林替代不了费希特。换一个角度说,一代代的哲学家又是在"重新讲"、"从头讲"。自然科学可以以一个涵盖更广的理论去代替另一个理论,后人超过前人;而哲学不能以只读后人的著作来代替读前人的著作,不能认为柏拉图、叔本华等人的著作只有历史意义,它们仍有其活的理论意义。哲学的这种情形颇像艺术史。古希腊的悲剧、莎士比亚的悲剧、高乃依的悲剧都是互相不可替代的。在音乐上,只听现代的音乐而不听贝多芬是不行的;在文学上,只读郭沫若而不读李白、杜甫也是不行的。

哲学具有不可替代性。这说明哲学虽然涵盖很广,但恰恰又是最有个性的。"哲学是要署名的。"虽然它研究的是最一般、最普遍的东西,但又像艺术品一样是个人的作品。因此,哲学离不开哲学史,正如艺术离不开艺术史一样。大艺术家为艺术立榜样,张载曾说"为天地立心";而哲学则要"我"为哲学立则,我署名我负责。

艺术强调感情,而哲学是理论性的。恰恰是这种理论的体系充满了个性。哲学是时间性的学问,时间即不可替代性、不可重复性。一般的科学技术的检测标准是可重复的,同样的图纸可以在不同的地方盖相同的房子,完全一样的楼房仍有其存在的价值;但哲学不能重复,在哲学上完全一样的著作、理论相互重复没有意义。不可重复就是有个性的。哲学是历史性、时间性、不可重复、有个性、要署名的科学。不可重复只能创造,所以哲学要不断创新。这样的哲学和哲学史在基础上是完全一致的,一部哲学史就是哲学。

在现代社会,原则上不养二三流的艺术家。由于交通、通信技术的限制,以前模仿之作也是有意义的,毕竟聊胜于无,但现代科技的发展保存了大艺术家的声音图像,人们可以随时听音看影。

哲学也有同样的情况,大哲学家的经典也是如此。现代印刷技术使得原著不再像以前那样难得。如康德的著作,以前中国的译本很难得到,现在则有多种译本,也能读到康德的德语原著。这样,读哲学书就有个选择,有些书要精读,有些书要定期重读,有些书则要终生去读,而有些书,浏览一下就可以了,更有些书,就不值得去读了。

这就是为什么我们强调要读原著的原因。原著是哲学历史的里程碑。

那么,最初的里程碑从何而来?

在这里介绍三个观念:闲暇、好奇、(精神)自由。哲学需要这三个条件,这三个条件在古希腊就已经提出了。

闲暇并不是日常生活中的有空,从日常来说,悠闲并不一定是好事。古希腊讲"悠闲出智慧",但现代希腊的某些人懒散悠闲导致了效率低和落后,可见悠闲未必出智慧。但从精神自由上说,就不是这样了。亚里士多德在《形而上学》中说:"人们对超乎寻常的技术的赞赏不仅是因为它的实用,而且是因为它体现了非同寻常的智慧。在经验技术的积累中有的出于必需,有的则是为了休闲。休闲的技能在智慧上比必需的技能要高,因为它不是为了有用,而是必须有人在有闲的时候来做这样的工作。"所以,为什么古埃及出现了数学?因为那里有神职人员,他们享有闲暇。当然,当后来闲暇变成一部分人的特权后就出现了许多问题,但闲暇也保证了时间不用在必需的技能上而是用在智慧上。中国古代的清谈也是类似的情况。

亚里士多德还说"知识源于好奇"。心理学对好奇的理解有的是很浅的。好奇在深层上体现了人的自由的精神、追求和主动的态度、精神主动创造的力量。纯粹主动的活动能力就是好奇,为衣食所迫的人少有好奇心。因此,在古代,好奇实际上是奢侈品,是有闲人才有的积极活动,而不是普遍的心理状态。当然,也并不一定有闲才如此。但理论上只有如此状态才能维护精神上的主动自由,才能享有好奇的福分。

在古希腊,哲学家也关心诸如民主制等社会问题,但他们本质上不是面对社会实际问题的。古希腊的哲学家被称为"望天者",他们抬头仰望天空,感叹于人世间的纷争无度,但天体却能合乎规律地运行。他们想,一定有一种最高的智慧在调节这个世界,这就是最早的问题。对于最早的哲学家来说,世界存在不是问题,但世界为什么会是这样一个世界是一个问题。原因是最重要、最奇怪的。

闲暇、好奇、自由,这三个观念归根到底都是指精神的自由与主动性。

哲学一向强调主动性的彻底性。恩格斯说,德国民族有这种彻底的精神。这种精神的自由与主动的体系经过两千多年,运行到18世纪末、19世纪的时候在德国成为专业,地位稳固了。在专业化的趋向中,出现了下面这些著作:康德的《纯粹理性批判》《实践理性批判》《判断力批判》,黑格尔的《精神现象学》《小逻辑》,胡塞尔的《欧洲科学的危机与超越现象学》,海德格尔的《存在与时间》等。

古希腊的哲学专业化程度还不够,它是包罗万象的,似乎兼容各门学科,无所不在。而当其专业化后(也就是可以成为一种谋生手段后),也会面临脱离实际,越来越精致、越来越概念化的问题。至今仍有这些问题。当然,没有专业也可以有思想,但专业的好处就在于学科化和系统化。

按我的体会,只有读了上述那些书,心里才能比较清楚哲学这个概念,就像只有读了莎士比亚的悲剧才会知道古人所谓的悲剧是个什么样子。从严格意义上说,当我们以此为秤时,会发现只有极少数人是真正在研究哲学。因此,读这些书较之读哲学史上其他著作是更好的办法,或者说"捷径"。

第二讲　哲学的任务

哲学来自好奇,而所谓好奇就是一种需要,也就是欲求。欲求是意志的作用。在实用范围内,意志是被动的,是一种出于需要的饥饿的意志,而哲学上的意志不仅是被吸引,而且是主动的。哲学的好奇是理性本身的好奇,是充溢的意志,是一种积极的被吸引。出于实用的小好奇是有限的,而哲学意义上的大好奇则是无限的、自由的。世界上没有一个现实的对象能够涵盖和满足哲学的追求。

哲学不是去迎接挑战,而是主动去挑战,是理性主动地去挑战一切有限的知识。哲学就是把本来很稳定坚实的东西都变成问题。理性主动向一切有限的世界提出问题,认为它们不完满、不完善。在这个意义上,哲学是一种大怀疑主义。

哲学的探索精神在基础上不同于有限知识。在有限知识方面,理性受外在世界的支配,是受限制的、不自由的。要根据你的问题、你的特性,即根据现实的问题、现实的情况去解决问题,不能脱离现实。这是经验知识里必须遵守的前提,这样的理性是有限的。

但理性本身可以不受这样的限制。在哲学的层面,它不接受有限知识的挑战,而是主动去挑战有限的知识。任何的对象、任何的实际问题都不能限制它。它体现了理性纯主动的精神。它提出的问题不全是客观世界逼出来的,而是理性本身提出来的。这种理性主动性是潜藏在任何有理性者之中的,但理性主动精神在每个人身上、每个民族中的出现是有不同程度上的差别的。那么,它是在何种情况下触发的?哲学问题是如何提出的?

提出哲学问题对一个人、一个民族来说是件大事。并不是每个人都会提出哲学问题,都会对哲学有浓厚的追求兴趣;也不是只有学哲学的人才会提出哲学问题,普通人也可以提出深刻的哲学问题。很多人虽然把哲学作为一种职业、专业,但只是把它作为小知识来研究,他的思想深处还没有开显出哲学问题。

许多普通人在生活的某个阶段,特别是危机阶段才有了哲学问题。因此,提哲学的问题在某种意义上说并不代表好事。日常的好、平稳不代表你的满足,哲学让人不满足于此。危机也并不一定是真的有危机,而是一种危机感,对有限世界的危机感。存在主义体现了这一点。危机不仅仅是天灾人祸——对于天灾人祸人类有应付的办法,但对于此,那些聪明而敏感的人会想到更大的事情,哲学问题也就由此诞生。有限的世界充满了不可理解,充满了危机,这就促使你在大事情、无限的事情上去思考它。这就是哲学。

哲学为什么是知识?哲学的知识就是在大好奇心驱使下的理性主动挑战、主动提出问题的一种结果,也是对大事情的一种系统的思考。对于自由和无限的理解就是哲学的问题。

也有人认为,哲学要求对一切荒诞的东西都要加以理解是不可能也不应该的。从亚里士多德到康德都受到了这样的批判。这种批判最早来自尼采。他是一个否定一切传统、否定对大事要有根本的理解的哲学家，一个先知。他真正在根子上动了哲学的要害之处，他的理由也是在哲学层面的，因为在有限知识的层面是动摇不了哲学的，而他的确在自由的层面动摇哲学的基础：人理解的目的是什么？建立知识的目的是什么？无非是求得安心。现在这个世界就是如此，你找不出理由为其辩护。有限的世界外还有个无限的理想的世界，现实世界只是理想世界的一个影子。此时此刻不合理，若从长远来想就合理了；把现实和理想分离开来，那么现实世界的任何不合理都是可理解的了。尼采认为哲学是让人顺从现实，忍受现实，是让人做奴隶的，他看到了哲学的重要一面。马克思也说过，我们的问题不是要理解这个世界而是要改造这个世界。这里所谓的理解就是对大事情的理解，亦即对现实不合理状况的一种化解。哲学不是要让这个世界变得可以理解，不是让这个世界的不公也成为可以理解的，而是要改造它，要创造，要创造自身的价值。

从自由知识出发有很多路可走，尼采的想法是其中一条，有很大的冲击力。

我们前面讲的是做哲学的准备思路，但最后要面对的可能还是一些不断提出的问题。这是初始阶段，但道理绝不浅显。贺麟先生说过所谓的老人格言，同样的话老人讲出来就不一样，那里有他一辈子的经验。哲学是原始的语言、远古的语言，但因为它是老人格言，有一整套的体系维护它，例如存在、being、Sein。Dasein 在黑格尔那时还没有特殊用法，但到了海德格尔那里却成了一个主要概念。哲学里最难的就是对这些概念的理解。难就难在要有一整套思想来维护它，甚至于要整个哲学系统来支持它。

并不是读遍哲学史的所有书才能懂这些概念。实际上，读了海德格尔的书在某种意义上等于读了哲学史，因为哲学史上的问题他都重新考虑过。不能忽略前人，要把前人想过的问题再想一遍。海德格尔未必把所有的书都读过，但这并不影响他的辉煌成绩。读过几本书后，哲学史上的问题就已经过了几遍，所以我只开了那几本书，尤其要请大家注意康德的书。康德是我们了解哲学最重要，也是最直接的途径。哲学、文学、艺术和自然科学不一样。莎士比亚不是非有不可，梅兰芳不是非有不可，但一旦出现就会启迪这一门艺术。康德也一样。

康德很难懂。维特根斯坦说过，一切可以说的都可以说清楚。海德格尔也说，一般人觉得真理难懂不是因为它太复杂，而是因为它太简单。大家生活在这个繁忙的世界里，习惯于复杂思维，不是原始地想问题。不好懂是因为大家习惯上想的是边缘问题，而不是最根本的问题。这些意思是很深入的。所以我建议大家读康德。

康德的三个批判包括了全部哲学史。黑格尔也是如此。你与其到黑格尔的哲学史里去学哲学，不如到他的《精神现象学》和《小逻辑》里去学哲学，这些书同样包含了全部哲学史。康德著作不但是哲学入门的教科书，而且是我们理解当代哲学的关键。如果没有康德的基础，就不能理解胡塞尔、德里达等人的著作。从康德、黑格尔到存在主义，再到解释学，这是一个过程（这中间我们越过了叔本华、尼采等人，他们是哲学中的艺术。哲学有感人的地方，大哲学家的境界让你欣赏、感动）。

在康德的三个批判中，《纯粹理性批判》最基础，同时也最难读；比较而言，相对让人易于理解的是《判断力批判》中关于审美的部分,但很多人的理解是急功近利的,不是哲学的。《纯粹理性批判》是哲学入门的书,是划清哲学和经验知识的界限的必读书。它尖锐地提出了这样一个界限,当别人再提出什么是哲学时,你心中就可以清楚地有所体会。柏拉图、亚里士多德的书尽管在形式上好读,但它们不直接,问题是慢慢切入的;而康德的著作则是直截了当地告诉你哲学与自然知识、经验知识的区别所在。他提出了最重要的核心问题,那就是科学知识何以可能。哲学就是要找出科学知识最后的根据,因为它的必然性也可以是不成立的(英国的经验主义对此提出过怀疑)。

第三讲　从康德说起

　　哲学和哲学史之间的界限难以划清。不一定把全部哲学史学完才算学哲学。学哲学可以学一本书、一个流派、一个大哲学家，这些都是入门的途径，大家可以根据自己的情况和兴趣来选择。你研读这一个人、一个流派，并以此为基础就可以了解哲学，包括哲学史。当然，这不包括细节，但是哲学的大纲、基本问题都可以有所了解，重要的问题它都会涉及。这也许在某种意义上说是学习哲学的捷径，这是前人积累的方法和经验。以此为基底，各门学问都可以去问津，但万变不离其宗，这个宗旨就是你当初选择的这本书。

　　我们先读从康德到黑格尔的德国古典哲学。为什么称之为古典（只是在中国称其为古典哲学）？因为钻研了他们的书就明白了什么叫哲学，知道了自己要做的是什么。以前我们只是在外面看，哲学在做什么，现在则是要进入哲学门，登堂入室。那么，德国古典哲学是入门的必经之路。哲学流派很多，各流派对哲学本身的观念很不一样。我们可以有不同观念、不同理解，但必须有根据，要把从康德到黑格尔以来的这段研究化在里面。

　　可以说，"哲学就是把握世界的方式"。但根据何在呢？什么叫把握世界的方式？怎么把握？或者也可以说，哲学是最一般的把握世界的方式。但什么叫最一般的、最普遍的？什么叫概念式的？这样，日常给我们的观念就远远不够了。只有到了康德，对哲学所谓概念、普遍这一类的话才有了一个专门的理解。他了解的、想的要比一般人多。

下面我就大概介绍一下从康德到黑格尔都说了什么，为什么说他们囊括了哲学的基本问题，概括了哲学的基本历史。

康德的主要著作是三大批判：《纯粹理性批判》（A版1781年，B版1787年）、《实践理性批判》（1788年）、《判断力批判》（1789年）。三本书中，《纯粹理性批判》是个纲领，是奠基著作，但比较难。三本书有不同侧重（《实践理性批判》侧重道德，《判断力批判》侧重目的论和美学），但就哲学来说，三本书是一个完整的哲学思路，要一起读。

所谓康德的批判哲学，就是它们都在审核理性的作用。康德是理性主义者，《纯粹理性批判》奠定了他批判哲学的基础，是纲领性的。这本书代表着一种变革，对做哲学的人的视角、立场有一个变革，他自己称之为"哥白尼式的革命"。这涉及了哲学的一种基本态度。过去，占主流的一种哲学态度是：把握世界首先要认知世界，认知世界首先要通过感觉，然后从感觉中概括、综合、分析、提炼，最后总结出规律来。把握世界就是要把握这些规律，学知识就是把握客观对象的规律。有了规律就可以以不变应万变，万事万物万变不离其宗。这个规律具有普遍性，但普遍性从哪来？从感觉来。所以需要试验，再分析、综合、概括，这样才能出现一个普遍行之有效的、可靠的规则（law）。规则成了体系，成了科学，所谓科学就是从经验中概括抽象出来的。所以，知识的基础就在于此，要通过积累经验概括出理论和规则。

但是，康德在《纯粹理性批判》中颠倒了这一切。因为，如果仅仅是这样，那么这些知识的基础是不牢靠的，是建立在沙子上的。从古希腊开始，就有人提出了感觉是不可靠的、会骗人的、会变的，感觉不可能提供靠得住的经验。其中最有名的是关于运动感觉不可靠的命题——飞矢不动的芝诺悖论。在有限的时间内怎么通过无限多个点？感觉上是动的，这没问题，但如何从理论上去证明？感觉提供的是客体，而理论是主体。把主客体分开是希腊人的功劳。按照常识，主体是围着客体转的，认识要符合客体实际，但是到了哲学层面这就有了问题。你无法证明所有的经验、所有从感觉得来的东西是可靠的。康德的《纯粹理性批判》在这个问题上实行了一个变革。他让客体感觉围绕着主体转，这就是所谓"哥白尼式的革命"。

培根认为人的知识就像蜜蜂采蜜，通过酝酿产生知识。我们有了材料后要通过人的加工才能成为知识。按照这个想法，实际上知识没有可靠的基础，是找不到最后的理由的，是没有理论上的保障的，只有常识上、经验上的可靠性。从培根下来，到英国的休谟，就提出了这样的命题：一切不过是约定俗成，是习惯，这样建立的科学大厦是不牢固的。没办法从理路上证明推导出一定会"如此"。休谟是康德直接面对的一个人，他的《纯粹理性批判》就是针对休谟的命题。从感觉中出不来推理，要无限次的经验才可以推理，少一次都不行。因此，要让变化围着推理转。

"哥白尼式的革命"不能只讲形式不讲内容，科学得有内容。这是康德的另外一个目标，所以他在《纯粹理性批判》中还提出了改造形式逻辑。我们现在讲的知识论不是形式逻辑而是科学逻辑,不仅要研究形式的必然性,也把经验感觉的内容接纳进来。这两个东西要综合起来,单独任何一方面都不能解决问题。经验主义者正是以怀疑经验为基础,所以他们反而最重视逻辑,因为逻辑是可靠的。

康德认为从感觉经验出不来逻辑。逻辑只管必然性,即 a priori,不管内容。这个 a priori 不依靠经验,不是从经验中概括出来的。哲学需要经验,但不能要求学哲学的人穷尽一切经验后才来学哲学。哲学里面考虑不依赖于经验的东西(不是不要经验)。康德的革命不是要去掉经验和逻辑的任何一方,他要解决的就是我们常讲的科学内容既是经验的,又是推理而来的。有经验内容的必然的知识是建立在先验性上的。哲学就是要讲我们的科学有必然性,是建立在推理上的,而不是像休谟说的那样只是习惯。在这里,康德是在为科学的伟大、必然性作辩护,指出科学是能论证的、有根据的。知识的基础要有一个先验的根据,不从经验中来,但又是有内容的,不是纯粹的逻辑。

所谓"哥白尼式的革命",就是指理性能够接纳进来的感性的东西是可以推论的,这个推论是不以具体的感性经验为转移的。在这里,理性掌握着主动权,理性是立法者。理性有不接纳的东西,就是物自身,而进来的都是现象和表象,是人的感官所能接受的。这些能成为知识的对象。在经验的王国树立理性的权威,这是哲学的任务。康德维护了理性的立法权,接纳愿意遵从理性立法的经验,形成了一个知识的王国。

理性的主动性不仅表现在科学知识上,还表现在道德、目的论上,这就是在物自身的这个领域康德所要做的。康德说要限制知识,为信仰留下余地,这就是他在后两个批判中所做的事。

第四讲　现象与本质

康德的《纯粹理性批判》讲的是知识的来源、可能性以及对象问题,实际就是讲知识论,讲什么是科学。从康德开始,哲学由存在论(也就是本体论)转向了知识论,由客体转向了主体。因为康德讲的本质、本体是指事物自身,而事物自身是不可知的,没有一门科学可以去研究怎么认识本质、本体,所以康德用很多办法去揭示过去的种种想要认识本质的努力都是白费,想认识一个不可认识的东西是不可能的,将本质论(存在论)和知识论划清了界限。

在第一批判中,康德提出了"科学知识何以可能"和"形而上学何以可能"的问题。对于前者,康德认为知识是有其必然性的,而对于后者,康德认为在知识这个方面是不可能的,所谓的知识都是指现象界里的东西,与本质是有原则区别的。时空范畴是在知识论里的,现象能在时空中显示出来,而本质是不能在时空内开显的。在可感世界里,本质没有相应的对象(Object),范畴只能规整由现象提供的材料。现象界的东西都可有其对象,都是可对象化的,而本体不可对象化,不能进入时空,是纯概念(pure concept)。在知识论的意义上,本体是纯思想性的,不是诸存在者中的一个,不是万物之一。因此,我们把具体的存在和本体的存在划清界限。本体的存在不是存在者的相加,而是从存在者中排斥出去的,不能显现，因而不进入知识的领域。现象体（phenomena）和思想体（noumena）相区分，实际上思想体就是本体。康德论证了本体理论的非知识性的应有的理解。

知识论就是讲知识的理论结构、科学的哲学原理。第一批判除感性篇讲时空外，还分为分析篇和辩证篇。分析篇讲的是经验概念的原理。辩证篇讲的则是没有直观的概念，或非经验概念，所以是要出幻象的。古希腊所谓的辩证法就是指幻象的逻辑，在客观上是没有检验的标准的。本体没有时空，理性不能僭越，否则就会出幻象、出矛盾（理论理性在直观的范围内是明辨是非的，虽然有对有错，但可以避免矛盾）。但对于"本体"问题，则谁也不能证明对错，而这也涉及关于上帝和神的证明问题。

经验科学是严格意义的知识，而日常的经验充满偶然性，哲学承认经验的偶然性，但它侧重讲知识的必然性。一般认为，哲学家就是思想者，是有理性的，面对的是不受时空限制的纯思想，然而理论理性面对的是经验世界，它要为科学鸣锣开道；而单纯理性不可能成为一门经验科学，它直接面对的是本体。在康德看来，知识论只是他整个哲学体系的引言，理解、分析、把握理性的第一步是为了导向更高层次的哲学。在知识论范围内有效的理性，能涵盖的就是知识的范围。理论理性在本体领域没有权利，不能运用理论理性规则。在中国，理论理性和理解力一般又译成"知性"。理性和知性是有区别的，知性只管知识科学，而理性在知识范围内是理解力的问题。在时空范畴中讲必然性，理性是不完全自由的，它得接受一些东西，也就是时空所给予的直观。在本体范围内，理性就是思想体，最重要的就是自由。物自体、事物自身就是自由。理性是不听命于感性的指挥的，而感性受理性的支配。理性不是概括出来的，而是自身的觉醒。理性自身是有能动作用的。

第五讲　第一性原则

　　为什么说理性是第一性的原则？我们哲学为避免独断，就要问为什么理性是第一性原则。从科学上研究人类意识的产生、起源不是我们哲学的任务。哲学是要区分两个方面的问题：一个是经验的起源，一个是理论上的起源。理论上必须要有一个立足点。从亚里士多德开始就反对不确定（经验科学不能给出确定的答案，关于人类第一个意识，科学不能确定地说出某时某刻意识诞生），但哲学却要追根寻源，所以我们在哲学理论上必须要讲第一。为什么古典哲学要把理性当做第一原则，大家要把经验起源和理论根据作一区分？这是哲学最基本的区分，哲学在理路上有自己的系统。

　　从康德开始，理性作为第一原则的地位得到确认。哲学的理论是一切经验科学的基础，而不用穷尽一切经验。道理何在？英国的怀疑论者认为因果不能在逻辑上必然推出，只有数学和逻辑这类形式科学可以推论，因果关系，只是习俗、习惯。康德就是要纠正这一点。他认为有内容的经验知识也存在一个先天性（a priori）问题，科学里的关系都是必然的、可以推论的关系，有坚实的理性做基础。若从感性出发就不能有必然性，就不可能做推论。

康德认为经验科学在理论上是必然的,不是约定俗成的,所以他的《纯粹理性批判》就是解决经验科学如何可能的问题。经验哲学家重点讲数学、逻辑,因为他们认为经验不可靠,而康德讲的则是经验科学的条件。分析是逻辑的,有必然性,但须得有综合。大家怀疑的是,综合如何有必然性,可以靠积累和推广,而分析则不是积累和推广的问题。感性是如何综合进理性的?感觉材料如何成为可以推理的?综合进来的后天的东西如何具有推理性、纯粹性?经验科学如何可能?换句话说就是,先天综合判断如何可能?经验科学的知识不是纯粹感觉也不是纯粹形式,而是二者的结合。经验知识的基础不依赖于经验,而是靠理性。这是康德在知识论里的重要想法,即知识在基础上有不依赖经验的东西,因此我的知识是有可靠性的,理性在这里是轴心,起主导作用。

康德的目标就是沟通感性和理性。他认为二者的沟通经过两个环节,其中最重要的就是时空。我们意识到我们所感觉到的东西在我们之外,是因为有空间;我们所有可感的世界全在变,是因为有时间。从变的眼光看,存在与不存在的问题纠缠在一起,那怎么能进入必然的知识?那么理性如何区分真假?

对于时空,同样有两个层面,一个是感觉的层面,一个是纯粹的层面。康德说,时空就我们能达到的知识来说是一种把握方式,时空本身并不可知,不是科学研究的对象。时空是直观的形式,不依靠经验,是先天的直观的形式。这是我们进入科学的第一步。我们经验科学所能研究的对象都在时空之中。感觉材料进入科学的领域首先要面对时空,凡是能直观的才是科学研究的对象,而物自身是进不来的。时空本身的研究不是知识问题,它不能直观自己本身。我们知道的都是经过时空的、可感觉的。感觉之外的不可知,不是知识的对象。知识的对象就是知识之所以可能的对象,也就是经验的对象,是经验之所以可能的对象。

科学不可能穷尽一切。在哲学的理性面前,科学有个界限。先天直观是不依赖于经验的,科学面对的是可经验的东西、可直观的表象(向感官可以显现的),而表象背后的物自体就不是科学的对象,是不可知的。物自体不可知不表示科学的无能,而是原则上不可行,物自体不在科学的范围之内。这时理性对表象—现象就具有了立法的功能:不符合理性所立的法,就不能进入科学领域。

康德一方面为科学的必然性辩护,强调理性的立法地位,另一方面又强调科学无法介入物自身的领域。所谓批判就是审核理性的职权范围。在经验范围内,理性是科学知识的立法者,是有权立法的,但立法权不能越位,用科学知识认识不了宗教等领域的问题。然而,人的理性往往是要越位的,这是人的理性的本性。在知识之外的非感性的超越的世界,理性也不是完全不可涉及,它可以去思想。这恰恰也是我们哲学要研究的。康德的《实践理性批判》讲的就是这个问题,面对的就是物自身。《纯粹理性批判》被人叫做"纯粹理论理性批判",但康德之所以没有用"理论"这个词,或许也因为理性本有越位的可能,要厘定的是全部理性的职权范围。

第六讲　知识论、道德论和情感论

　　我们现在从知识论进入到伦理学，这是一个很不相同的境界。知识论（中国传统上称之为知）、道德论（意）、情感论（情），是把握世界的三种方式。这种分法古来就有。

　　在知识论上讲理性，大家很容易理解，但是后两者容易被归为感情或感性。在康德的思想里，整个的、知、情意都涉及感性和理性的关系。在知识论里，感性和理性的关系是理性（知性）立法，感性通过时空进入理论体系，所以知识论的问题是理论理性如何与感性世界打交道，如何使我们的知识可靠。这里理性的功能是受到限制的，受到通过时空给予你的感性世界的限制，而感性世界是给定的，理性只能接受它。但理性—知性有立法权，不能通过时空关口的进不来，时空之外的是物自体。物自体实际上不在感觉世界里，用时空的眼光来看，它不"在"。理性功能与物自体的关系如不可能通过时空来确定，则也就不是因果性的，不是因果的，而是自由的，是实践性的，也就是创造，是活动。

　　这样，就从知识论过渡到了道德论。但是，二者的区别不是理性和感性的区别，它们之间恰恰不是这样一种关系。在知识论里感性对理性有制约作用。在道德论里则不是这样。那么，在道德领域里理性是什么功能,理性能否为道德立法?

实践是能动的。从知识的角度看,实际的东西虽然提供给我们知识的内容,但不可能完全符合我们的理念。因此,理念永远得不到实现,这意味着我们有做事的欲望、需要。在这里,理念引发出我们活动的可能性,同时也解释了为什么我们要做事,而不是逆来顺受、随遇而安。这里的理念本身就有动力的作用。

这样,在道德论里就会有一个问题。在这里我们面对的恰恰不是感性的世界,而是纯粹理性世界。纯粹理性本身就有实践功能,理性在这个层面上的意义就在于怎么理解意志。意志意味着一个理想、目的。我们做事就是要让现实符合意志的要求。那么,意志受什么支配?我们往往将它与感性的欲求、需要相联系,但这种欲望不是我们道德哲学所考虑的。所以,要严格划分感性的欲求和理性的意志的区别。感性的欲求不是纯主动的,是被动的、被驱使的,因此是属于经验科学范围的。就好像我们的知识学分为经验的和理论的一样,道德哲学也是如此,有两个层次。以经验科学求得社会的和谐要有一套规则,是因时因地而变的,不是绝对的。伦理学也有这样经验的一面。一般我们所讲的伦理学有相当一部分还在经验层面,这虽然也很重要,但还没有进入哲学的层面,只是人间的法律;虽然非常重要,但从本质而言,仍是权宜之计。

感觉的需要和欲求不是意志的动力。意志按本性讲也是理性的、有原则性目的的,其目的本身是动的。意志就是创造。意志的创造不是根据感性的需要,而要进行自主的创造活动。意志本身就是自己的第一原因。也就是说,理性自身有能动性,要保持住意志的自由;即使是受感性欲望支配的时候,意志本身也是自由的。

你无论做任何事情,都不能抵消意志的自由。你无论做任何事情都必须对其负责。就经验层面、实际条件言,你可以说你的行为"无可选择";但就本质层面说,自由行为是无条件的,所以你没有权力说那样的话。伦理学作为非经验的科学,它的基础就在这里。也就是说,在这个基础层面,你的一切所作所为都是自由的。

自由者之间要在经验层面有个限制,但在超越的层面上是自由的,它的限制来自自由本身。如果都在经验层面就没有道德、没有伦理,因为你对任何事情都可以不负责,都可以让欲望等客观条件来推卸责任。我们之所以能有道德问题,就在于我们无论怎样都是自由的,是有理性的。我们所说的血缘性伦理关系等问题也只是伦理学在经验层面的一个方面。我们有理性,这意味着我们是自由的。这是我们产生伦理观念的基础原因。

责任问题是伦理学的基础。责任在今天看来很容易理解,但最初之所以会提出责任问题就是因为我们是自由的。理性人就是自由人,就是要负责,别人不能为你分担责任。这种自由是先验的,亦即不受经验条件限制,不依赖经验条件。没有这种自由的话,经验的道德规则就不扎实了。中国从儒家开始讲礼,要使经验世界和谐,但其中还需要点什么东西。它缺少的一个环节就是自由。我们所拥有的是具体的规范,而不是自由的创造,具体的行为规范还停留在必然性的基础上。从无到有才是真正的创造,是不受感性世界的必然性支配的。自由是必然的根本,无是有的根本。无意味着"无(有)"经验,自由摆脱了经验世界。这种摆脱不是在实际日常生活的意义上的摆脱,而是在哲学意义上的。这样,我们才能考虑纯粹理性不受引诱的功能。

并不是说,我们可以有一种生活是纯自由的。只是可以证明,你是自由的,你必须承认你是自由的,是注定要自由的。一切行为都可以推导出你是自由的。也就是说,你做任何事都不能排除你不做的可能性,你做任何事都没有任何条件说你非做不可。在任何条件下,任何有理性者都可以对你说"你本可以不这样做的"。这不是在你能力之外的,这是不要经验就可以证明的。

"不作为"同样也是一种"作为"方式,犹如"不存在"同样是"存在"的一种方式一样。"见死不救"并不因为"无行为"就可以"无责任"。因为你是"自由"的,无论"作为"和"不作为"都是"责任者"。"自由者"与"责任者"为一。

道德的责任不是在经验层面可以协商的事。它是绝对的、无条件的。道德里的理性是不受限制的。在知识论里已经开创了理性独立自主的一个方面,但仍要受经验限制,不能没有内容,不能没有时空的直观;而在道德领域,理性是没有内容的。意志作为动机是纯形式的创造,不讲内容。经验的动机都是可知的,但纯形式的动机,其内容是不可知的。

第七讲　理性·意志·自由

我们传统的哲学都涉及知识论、道德论和审美论。我们还要继续区别什么是经验感性的、什么是理性的，进一步划清后天和先天的界限。

道德论里区分经验和理性有一个问题。它不是从道德情感、道德情操推出道德的规律和规则。我们之所以有道德情操是因为我们有道德律，道德哲学中很强调这个关系，就像在知识论里，我们强调不是从感觉经验中抽象出理论一样。我们可以因人因时因地因社会条件来总结一些道德规律，我们也应该这样做，但这不是道德哲学所要研究的。所以，它就不是一切道德的最后的根据。我们之所以对道德情感、道德情操有一种敬重，不是从道德经验中总结出来的，而是因为它们都根据道德律。我们一定要遵守的道德律不是从感觉经验中总结出的，而是理性的自身的一种能力。

所以，道德律在道德这个领域中，一个最基础的观念叫自律——理性自己立法。我们之所以有那些经验的道德规范（一经确立，就要遵守），就因为这个普遍的、人人都有的理性有自律性，也就是它可以给自己立法。道德律建立在道德的自律上。

什么叫道德律的自律？我们可以从实践的能动性方面去理

解。在道德里讲的行动不是被动的,是自由的。

道德里最重要的环节是自由,自由是因为理性本身就有实践的能力。理性不仅仅是一面镜子,而是要行动的,是纯主动的。所以,自由是理性本身的实践能力产生出来的。在知识领域,我们可以在有限的范围内得到一些熟能生巧的自由。它是知识性的,是古典式、技术性的自由。这个自由是有范围的,要受感性材料的限制;而到了实践领域,这个自由则是完全的理性的自由。它是完全不要经验的,是纯理性的。这个理性不需要其他东西,自己就有实践的能力。

怎样理解理性就是自由呢?过去对自由的理解都是从否定方面来讲,但是还有从肯定方面讲的自由。我们看到,在道德哲学里"想干什么就能干什么"居然是成立的。"能"是指能力,"想"在这里不是知识性的东西,而是意志。在这里,意志与能力是同一的,都出自自律的实践的理性。

自由的意志是不受经验限制的,它本身就是有能力的。意志就是能力,就是力。在道德哲学问题上只能承认有了意志一定就有能力;在理性的层面,人们似乎没有权力说"我有心无力"。也就是说,道德是不能推卸的。理性自己就有实践的能力意味着不能推卸有可能的后果,不能说"我没有能力去做"。在实践领域里,一切都在你的意志范围内,一切都是在你的选择范围内,没有什么是无可选择的。道德是自觉的,没权利说自己是不自由的。有结果就有原因,这个原因不是先天综合的,你就是这个原因。所以,在古希腊,有时候"归因于"就是"归罪于",也就是"肇事"。你是原因,你就有责任。原因在这里不全是中性的意思。"想做什么就能做什么",这是自由的积极意义;"你有能力不做这件事"也是这样的意思。自由律是不可推卸的,这是非常深入的道德律。

理性的实践能力不受感性制约,是纯形式的,那么道德是不是就是只讲形式?这是一个很严重的问题。道德的绝对命令常常也被批评为软弱无力。道德律是绝对命令,是不可以讨价还价的。就算世界上没有一个人遵守道德律,它也是生效的。这和协商来的权宜之计不同,权宜之计是无关道德的。

从康德的意义上讲,绝对命令不告诉你应该做什么,命令没有内容,只是告诉你你的意志是绝对自由的。如果有内容,似乎又会回到经验世界来,这样道德命令就不那么纯粹了。

没有内容是否就是空洞?为什么还说它是有能力的?说它不涉及内容是说它不涉及知识的理论内容,没有概念范畴,不涉及经验对象,不是根据我们的对象来定我们的方案。意志不是需要,严格划分二者的区别是非常重要的工作。自由的意志不受感性对象的制约。如果我们从知识上来看道德,它确实是空洞的,是个没有条件的"应该",也确实软弱无力;但康德并不是从知识的立场来看道德的。我们一方面承认在理论上,也仅仅在理论上对它的批判是有力量的,但另一方面,在纯粹的实践理性上它就不是无力的。我们讲实践理性的"应该"和自由,讲的就是力。意志自由意味着创造。在实践领域里是从理性出发,没有任何经验对象,对象是被创造出来的,

在知识论里,我们拿知识做工具来达到我们的幸福,但幸福不是道德的标准,不是理性的根基。康德认为追求幸福是人的权利,但是它不可能成为伦理学的标准。人世的幸福与否不完全是由个人的道德品质决定的,也就是说,德行和幸福之间不是一定的、必然的关系。幸福在经验世界里和经验科学一样是一个经验的问

题,不是推论可以得到的。幸福在实际现实里理论上并得不到保证。在幸福和德行之间有一定联系,但没有推理关系。要保证幸福的完全可能,只有做到全知全能,而这是人不能做到的。

总之,自由就是从无到有的创造,不需要知识的内容。正因为它是自由的,能创造,所以它能是现实的、能动的,它反过来能影响经验世界。

第八讲　善与恶

我们上面讲了如何把哲学的道德学和规范的、经验的道德学划分界限。

伦理学要分清道德规范学和道德哲学。在古典哲学中要严格划分经验和理性，思考问题要从此入手。知识论讲知识，而伦理学的具体内容讲意志。人是肉体的存在，需要和世界有一个物质的交换。在道德哲学上要习惯于提出以下问题：意志如何不依赖于欲求而自己有发动的能力？若没有经验的对象它能否发动？纯粹理性的意志如何可能？

意志有一条普遍的规律，就是趋善避恶。意志有价值判断的对象，就是善恶。善就是应该"存在"的对象，恶就是应该"不存在"的对象。这意味着我们在伦理中强调"应该"，所以善恶不同于日常讲的好坏，不同于愉快、不愉快，后者都是感觉方面的。道德哲学不问自然的情况，而是问理性的原则，问行为的根据。

在理性层次上，趋善避恶也同样成立，只是我们所说的善恶不是经验层次上的祸福——它们在经验层次上只有相对的普遍性。经验上也可以得到相对的和谐，但在哲学上则要求绝对的普遍性：善是绝对的善，恶也是绝对的恶。你可以不遵守道德律，但它对你永远有效。比如，没有人没有说过谎，但"不说谎"永远有效；只要你想到你曾说过谎，就马上对自己的人格提出了挑战。理性上的道德律是绝对的，不能协商，它是理性给人类下的一道命令。凡是有理性者都不能和它讨价还价。

我们人不是单纯的理性者，不是神而是凡人，是有感性有欲求的理性者。感性的东西会很自然地向我们提出要求，这也是合理的，因为我们自身不是无条件的，我们不能脱离自身生存的关系网。但绝对的道德律是超越感性、高高在上的，不是我们作为感性的存在者自己提出来的。同时，我们又是有理性的，所以能够理解，并接受这个命令。这样，人就能进入实践理性的层次，不断地超越自己，使自己的人格得到提高。

绝对命令就是一个应该。我们可以把对象排除出去，得到道德意识。趋善避恶原本是自然律，在伦理学里则是道德律，是绝对命令。我们做事不能从感情的好恶出发，先不问做事的效果，因为效果和动机不是必然统一的，二者是两个领域的事。我们是要问出发点。趋善避恶之所以能成为意志动机，是因为我们也是自然的一分子。如果我们只有理性，就没有动机问题，也就没有动机和效果的区分问题，我们就是神了。

如何理解恶的存在？康德认为不能说我们的感觉都是邪恶的，恶同样是自由律范围内的。理性从自由律出发把动机和效果分开了。我们不是从自然看自由，自然的东西不能影响自由，但是自由、道德有能力影响自然，理性可以深入到自然里。这是古典哲学的一个观点。伦理学在康德那里是实践哲学，它有这个影响力。

我们不否定道德情感，但我们不是从好坏出发。经验主义研究伦理学往往从道德情感出发，所以得不到绝对的道德律。我们之所以有道德感情、有良心，就是理性给我们的影响。欲求相对的合理性在道德律面前微不足道。道德律有强大的力量,对情感有压抑,它不问合不合需要、欲求。道德律有一种绝对的尊严,这种尊严不是想象的产物。这种敬重感是意志的动机,使你按着应该来做,而不是按成败来谋划。凡是应该的都是可能的。理性最高的命令就是你的责任,既然是责任就是你应该做的。

第九讲　至善与宗教

我们还要从道德领域上升到宗教。宗教问题是我们哲学思考的一个关键问题。曾经有一段时间，宗教与哲学是不可分的，哲学依附于宗教，而宗教有更广泛的基础，它甚至不需要人们读书、有知识。我们可以从多个角度研究宗教，它已经构成了一门经验科学、历史科学。

那么，如何从哲学的角度看待宗教？宗教如要讲理路，讲神学，则离不开哲学。宗教有时要求哲学之助，但如何从哲学理解宗教是哲学的任务。尤其在讲古典哲学概念的时候，我们要研究宗教在哲学中占有怎样一个位置。并不需要将所有的宗教研究遍了，才能得出一个宗教的哲学概念，得出宗教的本质是什么。那么，我们从古典哲学的思路考虑，宗教该如何理解？

我们讲过知识论、伦理学。那么，我们从理性的角度应该通过何种途径接触到西方典型宗教，也就是基督教的基本观念问题呢？按古典哲学的思路，从知识论不可能达到基督教观念。从知识论入手是古希腊人的路线，不可能导向基督教，只能导向古希腊人的神话宗教。从自然、具体的人不能上升到一神教的问题。所以，我们在知识论中不讲宗教问题。恰恰相反，在知识论里如果讲到神、超越等问题，就会出现矛盾。知识论中先天性—理性所提供的形式（时空、因果范畴等）不能解决本体、物自身的问题。

从伦理学的角度就必然会出现宗教问题，这就是超出伦理学本身，从实践理性推出宗教。

《实践理性批判》讲的是意志、道德律。按康德自己说，这里并不需要宗教的介入。那为什么就会导向基督教？关键就在于对"至善"的理解——最高的善、无条件的善。这就面临了道德哲学中德行和幸福的关系问题。既要生活得幸福又要有好的道德品格，而且二者的比例也要得当：有几分道德，就得到几分幸福；反之，有几分幸福，也就该有几分德行。这样，达到公平合理，尽善尽美。人们所追求的"最好"、"至善"就是二者的同一。追求幸福是人的天性，"最好"就是把幸福和德行结合起来，缺少任何一个都不是完满。而"至善"是伦理学追求的对象和目的，与"最好"是同一的。

在经验世界里，二者的同一性没有保证，它具有偶然性。所谓同一性首先要是可分析的、可互相推理的，结论是在前提中的。所以，德性概念中应该已经包含了幸福的概念，从德性中可以推出幸福，反之也应成立。由此在伦理学历史上形成了不同的两派：一派只要有德行就必然有幸福，另一派则正好相反；但两派在现实中都会发生问题。他们的争论说明了二者不是互相包含的，没有概念上的分析关系。从德行不能必然推出幸福，反之也不必然成立。另一方面，二者也不具有因果的或时间上的顺序，不是从一个中产生另一个，像从 A 产生 B 或先有 A 后有 B。所以，二者没有必然关系，没有同一性。这样，在现实世界就不能达到至善、圆满。

而至善恰恰是伦理学的一个目标、一个观念。伦理学必须有一些条件让至善成为必然,宗教则提供了这样的条件。它所有的一些超出伦理学之上的设定就成为基督教的基本原则和教义。必须要设定一个时间上的无限的绵延,设定人格灵魂是不朽的,设定一个至高的神。在时空中,德行和幸福的同一是相对的,要想得到绝对的同一就需要一种不朽。"神"的不朽保证了我们可以有来世,灵魂是可以延续下去的,这才能保证不断地修善,这样善才有意义,否则对人来说好坏都一样了,大可不必顾到"身后"之事。面对生命的断裂,设定了这样一个超越的东西的存在,一切善恶行为才有了意义,否则一切意义、价值都可能是无。现代哲学中有些派别既然取消了那个超越的理念,则必定会出现一个荒诞的世界。生活的意义就在于我们设定了自己的世界、人格、灵魂是可以延续下去的,德行和幸福会在时间的无限绵延中同一起来。

康德说道德律是自律。而对人来说,神是个他者,由此得来的他律是个异己的东西,不是自律,所以不是在道德中的,也不在知识领域。但按理路来讲,伦理学又要求必然设定这样一个神的存在。伦理学要找出神存在的根据,拷问神的存在。神的存在不受经验检验,也不是逻辑推出的,而是伦理学的必然的引申。所以,康德是按哲学理路来说明神,在基础的地方问为什么宗教可以在理性中找到设定的根据。他的伦理学不反对宗教,但也不会受教会的欢迎。

为什么宗教也能在理性中找到设定的根源?

在理路上设定一个超越的东西(全知、全能、全善、全在),德行和幸福就必然同一了。在哲学史上,也有在知识论范围内来证明这样一个超越者的存在的。这就是哲学史上的本体论证明(如安瑟伦的证明):从"全"推出神一定存在,它不可能不包含存在。康德的理路则相反:存在在知识论上是经验的,"大全"恰恰是个理念而非经验存在。从思想不能推出存在(康德举例:脑子中想象的金币不等于你口袋里有金币),而应用道德来证明存在。道德律的贯彻就必定要设定一个神。在一个神作为最高原因的王国里,德行和幸福可以互相推论、互相包含,其本身就是一致的,是必然同一的。只有在"神城—天国"里,"德行"和"幸福"才互为"因""果",道德的"因果律"才能成立,"因果律"和"自由"才能同一。这种同一不但是质上的,而且是量上的。有几分德行和有几分幸福是一致的,这是最公平的。神保证了公平,只有神不会犯错,所有的历史和未来在他面前都是现实。这是实践理性的必然性所决定的,否则一切就都成了随机的。

　　神是伦理学推衍出来的,但他是在伦理学之外,并且也不是其基础。在宗教看来,伦理学也是尘世的。伦理管的是德行,问的是"你是否配享有这个幸福",但实际上是否配要由超越的神来决定。这个标准在他者。从自律出发的道德还需有一个超出自律的东西——人一谈及良心、义务、责任等就会有的压抑、谦卑的感觉。从自由出来的道德律恰恰要求一种克服压制感。这意味着有超越的东西在贬损你的欲求。自由给你的是战战兢兢、如履薄冰的感觉。

　　实践理性冲出了道德领域,进入了更加超越的宗教领域。在这里,知识论和伦理学、幸福和德行合为一体,一个全知、全能、全善的神在立法、审判和执行,神集三种权力于一身,他让我们这个世界变得可以忍受了。德行和幸福在现实世界是偶然的结合,所以会有很多不合理现象。但还有一个超越的每个人都要去的世界,它对你的评议是绝对的公平的。伦理学在宗教里得到了升华。

这种超越的同一表明在康德那里已经有了很明显的同一哲学的思路。以后在其他哲学家那里它还会有很大发展。

这个超越不仅仅在宗教中,还要从理性开出一个现实的世界——意义的世界。这就是康德在《判断力批判》中面对的一个艺术的世界,它所要讲的是审美和目的论。康德启示了后来的现象学和解释学。

第十讲　艺术和目的

我们现在离开道德领域进入艺术（或者说是感性、情感）的世界。从哲学上来说，这个世界并不简单直接，而是一个综合性的领域。哲学讲分析推理很清楚，康德所划定的界限——什么是经验、什么是先验，什么是内容、什么是形式等等也很清楚。有人认为康德在知识论、道德论中所建立的界限在这个领域里开始被打破了。这种说法有一定道理。艺术领域之所以难懂就在于它的复杂性，我们所要做的就是从哲学的理路上来理解艺术现象和目的论。

《判断力批判》最难读并且对它的研究也最少，影响也相对小一些；但其中具体的关于艺术的理论影响却很大，只是把它作为哲学来研究的很少。对目的论的研究就更少，因为一般认为研究目的论是比较落后的。但是从康德的理路来看，既要否定那种"老鼠的存在就是为了给猫吃的"这种目的论，又要说明我们对于自然的理解蕴涵了目的论，就有另一层意义。

研究康德的目的论和美学的前提是要首先了解他的《纯粹理性批判》和《实践理性批判》。他在《判断力批判》中已经将前面的东西融会贯通了，对他自己来说是已经设定了的，但对读者来说则不一定是这样。有不少研究艺术的，直接就来读《判断力批判》，不一定能顺利领会。

研究康德的美学有很多途径。我们首先要问的是为什么他还要写《判断力批判》。在写作此书十年前,他并没有把情感引入他的理性王国,但后来他接纳了情感。他当初的拒绝和后来的接纳都是有他自己的理路的。在知识论里,他认为个人的好恶不能影响理性的立法,但经过知识论和道德论的研究后,他反倒认为情感同样也要进入理性王国,是理性王国的居民。理性在知识领域为经验立法,在道德领域为自己立法,这都是理性所起的建构作用(constitution)。而在《判断力批判》中,理性在美学艺术领域起着管理(规整)作用(regulative)。

情感性的自然不同于知识性的自然。在知识论中讲理论就是讲推论、讲必然,必然的概念就是自然的概念。我们从自然的概念推论出因果关系,通过自然的概念推论出知识的系统。

道德也是推论出来的,也是必定的概念——自由,这是比自然的概念更高的。自由必定得导向职责、道德律、至善、完满、德行。这既是现实的也是理性的。

而艺术讲个性,讲个体,讲感觉感情,艺术不是概念。艺术里的概念都是不确定的,所谓"这一个"是不能概念化的。知识讲自然概念,道德讲自由的概念,这都是推论出来的。艺术则不能概念化,这说明它区别于知识和道德,但同时又具有两者的特点。也就是说,审美既可以进入知识又可以进入道德,但又不是专门属于这两者中的一个,而是将自由与自然结合起来。不是纯粹的自然也不是纯粹的自由,而是介乎二者之间的。

也许,《判断力批判》涉及的是我们哲学所面对的第一个问题,即这个世界,这个活生生的世界如何可能的问题。这个世界才是我们的根，而知识和伦理则是后来哲学分析得来的。人不是纯理论的科学家，也不是纯形式的自由者。科学与道德不能完全涵盖人。完整的人应该是在《判断力批判》中。从《判断力批判》里出来的是目的和艺术的世界，不是纯粹理性的但却是受理性管理的人的世界，是生活的世界。这已经开启了19世纪末和20世纪哲学的先声。解释学、现象学的依据似乎都可以在《判断力批判》中找到。当代哲学的秘密所在不是纯粹的自然也不是纯粹的自由，而是美和目的的世界。我们每个人都是作为生活的一分子而活着的。

艺术不是概念化，意味着这里所谓的知识不是推论出来的。传统的观念认为理性包含概念、判断、推理，从经验中总结出的是经验概念，哲学概念则是先验的。推理是从先验的概念推理，它不是从经验中来的，但却是有内容的，是可以用因果推出的。判断是在一个普遍的规律中寻求个别的例证，比如，有个杯子的概念，那么我们就要寻找一个杯子作为例证。下面两个都是判断：

A. 这花是红的。

B. 这花是美的。

A判断是属于经验的、知识的判断，B判断则是审美判断。但也有人，比如一些英美哲学家，认为原则上B不是判断。"这花是美的"可以还原成"我喜欢这朵花"、"花给我愉快"等主观感觉的描述。主观的感觉如何让人用判断的形式表达，要求别人认同，要求别人也有同感，亦即如何用判断的形式把人人不同的感觉表达为似乎要求人人同意的判断，好像是知识判断。知识判断要求人人同意，那么审美判断能否有权要求别人同意？康德的美学就是要说明判断的形式有管理感情的权力，鉴赏也属于理性的范围。

之所以有权要求、请求（但不是命令）人人都同意，是因为有理性通过情感（而非概念）对个别事物作出判断。审美不能是理论的、普遍性的，而是特殊的。若从普遍的规则出发寻找个别例证则有对错问题。比如，我说这是一张桌子，那到底是不是检验一下就知道了。而审美的个别不体现理论的普遍性，也不体现种属；但也有普遍性，而且是个别之中就有普遍性。这种普遍性不是概念的普遍性，不是必然的普遍性，而是自由的理念。在审美中，经验的东西体现了自由的东西。

我们的智慧不仅仅是要脱离个别的事物单纯去追求普遍。我们的根基是在具体的现实之中，这个领域是我们形而上学的基础所在。因为世界的神奇不在于我们可以进行因果律的推理，或是有森严的道德律，而是在于个别的东西却能合乎规律。理性能管理规整普遍的概念并不奇怪，因为这些概念原本是它自己"建构"的；理性还能够（有能力，有权利）"管理—规整"不是它"建构"的"个体"，就比较奇怪了。于是"世界真奇妙"，我们面前真的出现了"奇妙"的世界。

古希腊哲学家最初的问题是从观望星空得来的：一个个单个的星体为什么会这样合乎规律地运动？是否有更高的智慧者在控制它们？这可以说是古人的迷信，但也说明了一个问题:理性怎么会对个别的东西起作用？我们从中体会出一个合理性的自由的东西，这集中表现在美和自然的合目的性上。这种现象仅仅从知识论上说明是不够的。在艺术领域里不舍弃偶然性和个体性，要从偶然的大千世界看出有这种合理的安排，在感觉里看出有理性的东西作为制造者和安排者。

我们生活的世界是一个"作品"，这是康德的一个重要概念。

"作品"就是结果,它有原因。如果在原因和结果的关系中是结果早于原因,结果就在原因里,就是目的。目的作为概念有现实性,是通过意志去行动的,是经验的、个别的。目的概念不仅仅是在艺术中,在康德看来,某种意义上,自然界中也有。如果我们仅仅用知识论的眼光去看自然界,不可能用理论推出具体的经验过程。知识只告诉理论的必然,而实际的生活过程、经验过程不是一个用因果律推理的过程。

自然为我们提供了一个可能经验的世界,还需要我们将可能性变成现实性;因为作为理论理性对象的自然只是知识性的必然性世界,而不是现实的、生活的世界。要将这个理论的世界转变为现实的生活世界,要有人的劳作,要用选择来体现自由。生机勃勃的现实世界不是概念的结构,不仅是必然的,而且蕴涵自由。这里的自然已不是知识论中我们研究的那个世界,而是我们自己生活在其中的世界。在知识论中没有物自身,在道德领域有物自身,但不显现。在艺术和目的论中,自然才显示出物自身,才有了所谓的"这一个"。"自己"在这里不是作为知识而是作为合目的论而显现,需要在各种可能性中选择一个作为目的。

"世界为什么就是这个样子?"这也是康德以前的哲学家莱布尼茨关心的问题。他认为现实世界是所有可能世界中最好的一个。人们也许可以说有一个神在安排这一切,但把神去掉后,这个选择就有相当的偶然性。选择可以是自由的,但又体现出合乎规律性,必然的和自由的就结合起来了。这样,我们的世界就变得生动起来,不是完全必然的,不是形式的。

第十一讲　从康德到黑格尔

古典哲学最重要的阶段就是从康德到黑格尔这一段,对这一段的训练是不可缺少的。

过去一个时期在西方,黑格尔哲学的地位相当显赫,后来受到严厉的批判。他的哲学确实曾禁锢了人的思想,要打破它也对,但熟知的东西未必是真知。对于黑格尔哲学,其中有很多误解,有许多批评,也有简单化的倾向。黑格尔被理解得很简单后,实在论者首当其冲地批判黑格尔,无论在西方还是在中国都是这样。实际上,黑格尔的哲学还是有很深的内容的,真正进行深入思考的人不会忽视他。他确实是古典哲学的一个总结。讲黑格尔对于我们理解哲学的古典形态很有帮助,但前提还是要先了解康德。

康德留下了一个问题在《判断力批判》中。那就是,在活生生的人的领域中如何把自然与自由的概念结合起来。我们能知道什么是自然科学领域的问题,我们能做什么是道德领域的问题,我们能希望什么则是宗教问题。最后归根结底有一个问题:人是什么?

在美学和目的论里,康德想要把曾经分割开的东西综合起来。这一部分也同样是理性的一种方式,是从理性出发又回到理性。自由影响自然就在美学和目的论这一部分中,恰恰这里是真实的、现实的、理性的世界。"知识"、"可知"不再仅仅指科学的理论知识,而且指智慧——真实的知识——真理。真理不是几个抽象的公式,而是实在的知识。知识不能停留于公理、定律,而是实际地对人的世界的把握。真理是不排除感性直观的。我们作为活生生的人就是在具体的感性直观中就蕴含着理性,蕴含着思想。

费希特直接继承康德。他不仅仅是从康德到黑格尔的一个过渡环节,而且奠定了同一哲学的基础。康德重在为理性的各种职能划分界限,而费希特则重在把它们统一起来,对现实的世界以新的视角。他是从一个哲学家的角度看待现实的生活。费希特要让理性进入现实,并在现实中保持住理性,保持住同一。我认为费希特对我们理解古典哲学最大的帮助是从同一的理性推出世界,他提供了一个新的世界观,这是以后古典哲学的路线。

费希特有一本《全部知识学的基础》。他所说的知识不是康德意义上的理论知识,而是全部真实的知识,是关于全部科学的一个界说。在这里,最重要的是提出了三条原则。其中最重要的又是第一条:他把所有的经验内容抽象出去,得到一个 $A=A$。这比任何的经验判断都要可靠,拒绝一切怀疑。在形式逻辑中,它是同义反复,但在实际哲学中有很重要的意义。前后两个 A 位置不同,就有不同的意义。处于谓词位置的 A 意味着有存在问题。

那么,由什么来保证 $A=A$ 的可靠?是理性的判定。理性又在哪里作判定?在人的领域,是有理性的"我"在作判断。$A=A$ 只有把"我"代入后才既有内容又可靠,代入其他名词则都是经验的。"我就是我",意味着谓词"我"是主语"我"设置出来的。同一个"我"把"我"设成了"我"的对象、"我"的宾语。这是理性内容确定的东西,一切知识都由此而来。费希特没有离开笛卡儿的"我思故我在"。

A 不等于非 A。"我"和"非我"有了关系,也就是"我"与世界的关系。"我"与世界有一种推理的关系:由"我"等于"我","我"不等于"非我",可以推出大千世界。这条思路受康德的启发,但完全不同于康德。康德认为从逻辑是推不出世界的,但哲学要解决的不仅仅是理论知识的问题,面对的实际世界不是公式所能限制的。要在一个基本的公式下推出大千世界,同一哲学才算完成;同一哲学就是要包含所有的实际世界。

黑格尔与谢林有很多思路都是共通的——谢林将绝对(absolute)变成了哲学概念。他们的区别主要在黑格尔的《精神现象学》中得到强调:黑格尔要使哲学避免陷入诗意朦胧的状态,要确定哲学是一种科学形态。这个问题从古就有。

我认为谢林直接继承了康德的《判断力批判》。康德的概念范畴与感觉经验相对,而物自体、意志则没有与之相对的东西,不提供任何感觉经验,只是一种形式。所以,康德被人批评为无内容、空洞、软弱。费希特、谢林的绝对哲学则意味着自由。同一哲学所理解的理性不仅仅在形式的意义上是绝对的,而且在内容上也是绝对的。形式和内容不是对立的。所谓绝对就是说理性在"他物"中,理性并非孤零零的形式的公式,理性在非理性中保持着独立性,发展自己。

从美学和目的论中,我们看到可以在非理性的世界中看到目的,看到美,看到至善。理性存在于"他者"之中,在这个思路上黑格尔和谢林是一致的,区别在于该如何把握这个理性。康德的概念、判断、推理无法把握绝对的理念,理性有直接把握的性质。谢林强调直观或直觉的作用,用"诗"的形式来把握。谢林哲学中有包括艺术哲学和自然哲学两部分,可以看出是从康德美学和目的论的组成得来的痕迹。

黑格尔的思路则是,直接把握是朦胧的,把握的只是绝对理念的影子或者说表象。理性在他物中是一个过程,是历史,是时间,所以理性是活动的,是一种活力、生命、力量。但理性的活动不是盲动,而是要在"他者"中开显自己。开显不是靠灵感,而是靠艰苦的实际劳动,是要克服困难的。开显要有一个过程,不可能一下子就达到绝对。没有这样的过程,理性只能是形式(康德的理性本身是永不开显的)。理性通过历史时间来开显自己,这样关于理性、精神就可以为"知识",成了现象学。

黑格尔《精神现象学》所要解决的就是"精神如何通过历史来开显自己"。下一步黑格尔还要解决概念问题。黑格尔的"逻辑学"在解决"概念"与"存在"的关系上,很值得研究。从能动的、发展的、历史的角度深入思考这种关系,使黑格尔把"逻辑"和"历史"统一了起来,也使他的"概念"论充满了现实的活力。

第十二讲　黑格尔与辩证法

我们已经讲了古典哲学的框架,后来的发展没有离开这个框架,这就是以康德的三大批判构成的知识论、道德论、目的论及审美的框架。经过费希特和谢林,到黑格尔,古典哲学又回到坚守知识论体系的立场,但这已经不是康德《纯粹理性批判》意义上的知识论了。在费希特和谢林阶段,已经形成了同一哲学。目的论和审美是很重要的环节,在这里自由与必然得到了结合。

现在黑格尔又来讲知识。古典哲学不仅仅是批判的——分析理性在各个领域中正当合法的职权,这样的批判哲学必定向同一哲学过渡。哲学到黑格尔又成为知识论,似乎哲学又回到了第一批判,但实际上已经经过了同一哲学的洗礼,不同于康德所说的知识,某种意义上超越了康德的知识论。

康德的知识是理论知识,是先天综合判断。在康德的知识论中,理性要接受感觉和经验提供的材料。费希特的A等于A、A不等于非A则要说明对象是自我设定的,而黑格尔则认为哲学就是绝对知识。康德的知识仅限于理论、现象的知识,而黑格尔的知识则是关于绝对、本体的知识。黑格尔的知识论需要将道德实践与理论先天范畴统一起来考虑,而不仅仅是像谢林那样只是以艺术直觉的方式把握。黑格尔把所有这一切综合成了一个知识体系，就是他所谓的科学。在这个意义上，他发展了古代希腊关于"哲学"为"爱智"的意思，而成为一门真正的"科学"，绝对就是同一。知识的对象（客体）与主体是同一的，而不是外界有一个对象由我来把握。对象本来就是"我"（理性）设定的，它不是相对的，不是一个给定的东西。绝对就是一个"全"。

黑格尔的思路有一个发展的过程。黑格尔认为《精神现象学》是科学体系的第一步。理性作为生命中精神性的东西如何显现它自己——"全"，整体上有一个历史和过程。其中，时间性问题非常突出。精神就是本质、本体，而本质、本体通过时间过程开显出来。康德认为在理论知识领域是不能把握物自体的，因为它不在时空中，虽然它自己是超时空的。到黑格尔则要对物自体进行把握，将其带入时空中，虽然它自己是超时空的。时空不是范畴化的因果序列，不是推论出来的，而是自己的开显，是历史序列，是时间本身。这里的时间是一个实际的东西，而不像在康德那里，时间本身是不可知的，只是把握现实的工具。这时的本体需要有一个（时间）过程来开显自己。然而，黑格尔总是更多地强调这个"过程"为"逻辑"的"推演"。这里的问题，希望大家来共同研究。

黑格尔哲学的开端是本质，经过自身开显的历史过程，最后完成的也是本质，但这两个本质是不同的。开显以后的本质是有内容的，更为丰富，成为它自己，而开始时的本质是抽象的。比如，拿破仑之所以成为拿破仑就在于历史过程将其开显出来，否则拿破仑就只是一个抽象的名字。概念可以很抽象地来理解，这是在经验科学理论上作为事物本质属性的概念。比如，所谓杯子就是盛水的工具，但这一个杯子之所以成为杯子是有很丰富的内容的，有它自己的位置、时间、用者等等。这不是人所赋予的,而是杯子自己通过时间显示了其本质以及和世间的普遍联系。它也就成为它自己,物自身就出来了。

就这样,《精神现象学》使我们对概念的理解有所不同。概念不是从给定的对象中总结概括出来的,概念的内容是概念的本质自己开显的,不仅是一个形式。但时间不是概念性的,不是推理的,而是直观的。概念由抽象进入具体,与直观、历史、经验、现实统一起来。概念的历史、概念的过程说明其非抽象,必定要与现实结合,而不是强加给它一个现实。康德的概念对应一个现实,二者的区别是绝对的(康德举例说,脑子中的钱和兜里的钱不一样)。黑格尔则在其中加入了过程—时间因素:若脑中有一个概念,则一定会有去实现它的行动,它就是现实的了。这样一个过程说明可以将精神变为物质。

但是,仍然存在一个现实性的问题,就是这一变化是要受限制的。抽象地说,概念、理性本身是不受限制的,天马行空没有什么能限制它,但要变成现实,就是在开显真正的自己的过程中要有限制。自由的、绝对的不受限制的概念若不进入现实,也就是说如果不受限制,那么它就是无内容的、形式的。若进入现实,则现实一定会对其有影响,就一定是要受限制的了。

黑格尔区分了两种无限:恶的无限——空洞的、形式的、想象的产物,而非理性的产物;绝对的无限——真正的现实的无限——就在有限之中,并没有脱离有限,不是想象出来的无限。在有限中显现的无限才是真正的无限,无限不在脑中。现实本身就有理性,就有精神、本质,就体现了无限,而不是人以自己的精神来比附它。事物本身就有本质,就是无限,就是精神。

理论科学只能以抽象的形式认识事物,哲学知识则须得认识现实的、在有限中无限的东西。拿破仑的生卒年月是没有时间性的,也没有内容,是抽象知识,而把握了他的行为、他的事功,则是真正的知识。指出、描述某个历史事件是永恒的,但只是抽象描述。戏剧艺术则将事件的真实存在存留了下来。黑格尔的哲学知识不仅仅是由因果关系决定的关系的把握。精神是自由的,而在现实中体现的才是真的、有内容的自由,而不是抽象形式的自由。哲学强调在有限中把握认识事物的无限性,这也是绝对知识或者说哲学的任务。

精神受各种限制,经过各种阶段开显自己,又回到自己。这是科学体系的第一步。《精神现象学》是第一步,是绪论。黑格尔的"开显"针对的是谢林的直觉把握,强调要有矛盾斗争,要有过程。黑格尔的"逻辑学"是《精神现象学》的发展。黑格尔的逻辑学包括两本著作:一本是《逻辑学》,也就是通常所说的"大逻辑";另一本是《哲学全书大纲》中的《逻辑》,通常称做"小逻辑"。

黑格尔的知识论对对象的把握不能没有概念、判断、推理。黑格尔的逻辑学不是形式逻辑,形式逻辑只是一个工具。康德也是要改造形式逻辑,所以康德要使形式逻辑有内容,使其成为知识论。但康德有一个环节是有问题的,就是他认为物自体是不可知的。而《精神现象学》所讲的正是事物自身的显现。黑格尔的逻辑学实际上是科学。科学是康德、黑格尔意义上的知识,只是在康德,知识终究还是形式的,而在黑格尔则有了现实的活的内容。概念、判断、推理在康德知识论中讲的是必然性,在黑格尔那里讲的则包含了自由。黑格尔的概念、判断、推理不是形式逻辑,也不是康德的必然的逻辑,而是自由的概念之间的关系。他的概念是必然中的自由,自由中的必然,逻辑必然推理形式,体现了概念自身——自由的能动性,体现了事物自身——概念自身的发展规律。

《精神现象学》讲的是精神活动的自由的历史。历史是自由的,不仅是一个个历史事件的因果连接。要将历史的直观变成概念的体系、科学的体系,但又不能退回到单纯形式的必然性知识,而是要使概念、判断、推理成为事物自身的开显过程。所以,黑格尔的逻辑学不是僵硬的公式,而是要让概念从抽象到具体完成自己。概念自身的发展自己开显,自己推演,乃是自由的推演。这就是所谓的"辩证法"。

与那种有经验对象对应的抽象概念不同,黑格尔从自由的角度讲的是绝对概念。它是有内容的真实的概念。它本身已经包含了对象,是所谓的"全",是全面的,不是片面的,又是可直观的、具体的。这就是辩证的。

康德也讲辩证法。他认为物自体不能进入时空,只是一个思想体,不会作为知识的对象,要把此种无对象的思想体当作现象,则必定产生二律背反,不符合逻辑,自相矛盾不能形成"知识"。因此,康德对辩证法是否定的,认为人的理性必然要出现的辩证法是"所有可能的错误中最好的错误";但康德从否定立场揭示的辩证法,仍蕴含了它的真正契机,黑格尔正是依靠了这个契机使他的思辨概念自身(自由地)"活动—能动"起来。

然而,在康德,这种对最高实体的判断有两个相反的方向,互相不能说服对方,而这种辩证法恰恰动摇了他心目中知识的基础。正命题和反命题总是紧密联系的,所有理论知识到实际中都会有矛盾。哲学(实际的知识、科学的知识)正是用辩证法来揭示理论知识的片面性。辩证法揭示一切关于现象的论断都是可疑的,为了把握本质就要揭示理论知识的不足。

古代几乎所有的民族都有朴素的辩证法,但黑格尔的辩证法不仅仅是强调表面的、感觉性、表象性的对立统一。它强调的是理性本身的对立统一,强调有无之变。变是一个过程,有就是存在,无就是不存在。比如,水变成蒸汽,也就是从一种物质变为另一种物质,这并不奇怪;问题在于从有水变成没有水,从存在变成不存在。科学理论知识面对的物质世界找不到无,都是从一种物质变为另一种物质,从 A 变成 B,而哲学则看到了从 A 变成非 A 的过程。有无之变是存在与不存在之间的变化,哲学理论、理性之辩证法,亦即康德所谓"二律背反",应从此种角度来理解。所以黑格尔说,一切有限的都要毁灭。

有无之变是黑格尔辩证法的核心,关键是能否从有看到无,从无看到有。科学理论知识讲的是万有形态之间的关系,而哲学的贡献在于将无引入世界。所以,黑格尔强调哲学是关于真理的——历史的现实的理性把握自身的一个状态,而不是对外物的符合。真理在这里不再是片面的了。

第十三讲　康德、黑格尔之后

康德批判哲学涉及知识、道德、审美和目的，批判的工作，就是要对理性的功能加以分析、限定。康德限制知识，要为信仰留地盘。从康德到黑格尔的发展，实际上是从知识论又回到了古代的理念论。理念论涉及事物自身，于是理念论与存在论是同一的。在康德有限的知识论中，理念不是知识的对象，不能进入直观，他的知识论固然是先验的，但只能运用于经验。在黑格尔的绝对知识中，需要认识的就是事物本身，而事物自身——本质必定会显现为现象，成为可直观的知识；因而，他的理念不是抽象的"思想体"，而是具体的"现实体"。就我们的思路来看，黑格尔的这个意思，已经为海德格尔的存在论奠定了基础。

黑格尔之后，马上就有叔本华、尼采等人对黑格尔的攻击；同时，新康德主义从另一条道路恢复了对康德问题的重视。新康德主义认为，对于康德提出的问题，黑格尔只是将其包容进去，并没有真正地解决，所以他们提出要回到康德。新康德主义想弄清楚康德的不可知的物自身，认为事物本身在知识论中是一些麻烦的东西。他们循着《纯粹理性批判》的构架，加入了历史、人类学、文化、经验科学等实证科学的内容，将知识论扩大，形成了历史哲学、文化哲学、人类学哲学等。

更起到承前启后作用的是胡塞尔的现象学,现象学就是要直接地将物自身显现出来。胡塞尔为理念论开创了一个新的局面。

现象学的主要问题是要回到事物自身。现象学不是表象学,而是显现学,是要让事物自身显现。黑格尔和胡塞尔的现象学不同,但从让物自身显现这个角度来说我认为是一样的。黑格尔讲的显现是个整体的过程,要通过艰苦的劳动才能获得;胡塞尔讲的显现是直接显现,不要辩证法,不是精神活动的外化。直接显现就绕开了一系列逻辑的麻烦,但面临着"心理主义"的威胁。胡塞尔和康德一样,要和"心理主义"划清界限。胡塞尔的现象学思考的是一种"纯粹心理"问题,而非经验心理学问题,这与他的学术来源——布伦塔诺有关。过去我曾将胡塞尔现象叫做"原(元)心理学—meta—psychology",以别于"形而上学—原(元)物理学"。

直接地把握本质,不单是个别的东西可以直观,普遍的东西也可以。普遍的东西不是纯粹概念,而是要向活生生的人直接显现。胡塞尔的现象学把握的就是直接的普遍性。

哲学的传统观念认为人之为人就在于人是有理性的动物,而胡塞尔则认为,人本不是有某种特殊功能(如理性)的动物,人就是人。康德提出什么是人的问题,试图在《判断力判断》中加以解答,但只是奠定了一个思路的基础。胡塞尔用一种新的角度来回答康德的问题,人不是符号动物,不是理性动物;总之,人不是动物的一种,人就是人。因此,面对直接的理念的世界,人最基本的意识、最纯粹的心理是最复杂的综合,是事物完整的显现。事物的意义或者说事物之所以是事物就在于它向这种纯粹心理显现,而不是通过感觉和推理来认识。比如对一棵树,我们看到的就是一棵树,不是什么对于树的构成、树的作用的分析。不包含任何分析推理，就是理念的直观。我们最基本的生活世界是理念世界。理念不是不可直观，它恰恰就是直观。

近代哲学普遍关注心理问题。知识论经过了一个从物理学到先天性思想结构再到心理结构的发展过程。原来的哲学追随物理学，对物理学的超越就是形而上学。后来，哲学追随心理学，那么在这里是否有超越性？有没有纯粹心理学或超验心理学？

胡塞尔的现象学的最早形态就是超验心理学，将感觉、逻辑、自然科学、客观印象或形式等悬置或存疑，剩下的整个世界就是事物本身。这是最纯粹、最净化的领域。观念（理念）的世界、人的世界是确定无疑的。这实际上净化了我们哲学的领地，也就是胡塞尔所说的"最严格的科学"。从对象来看，他回到了事物自身；从人的角度来说，他赋予人的思想、感情、心理以超越性。

胡塞尔的作用很像谢林和费希特，某种意义上他也有过渡的意义。在现象学的启发下，哲学由知识论过渡到存在论的层次。这看上去好像又回到了古代（从古希腊到中世纪）的存在论，但实际上是一个更高层次上的存在论。

从理念到 Sein，围绕 das Sein——有、存有、在、提出了相当多的新概念，这成为当代哲学的核心。

存在论古已有之。是否在诸个体存在者中有一个共有的属性叫存在？个体存在是不是对共有存在的分有？这是古代哲学家提出的问题。古人难以解决"变"的问题。存在到非存在的转变、运动都成为不可理解的。"变"对于一个抽象出来的、概念的存在来说是一个致命的问题，所以黑格尔讲有无之变。

海德格尔的工作就是让"变"进入存在，成为具体实在的普遍性。变也是存在，变而存在需要时间，所以存在不是抽象的概念，它是时间性的。在康德那里，时间是感性直观的先天形式，不依靠经验。时间不是从经验里总结出的计数方法，时间是物自身的东西，是经验对象存在的条件——海德格尔认为这是康德最伟大之处。时间是本体性、思想性的东西，现象由此产生。

海德格尔十分重视康德对时间与存在（者）关系的论述。作为本体的时间——时间本身，康德认为是不可知的；而后来的哲学家都要让知识不限于理论知识，也就是要让本体可知。海德格尔就是要理解时间的存在、时间的本身。这里的存在不是胡塞尔已经排除出去的那些自然的存在，是超越性的存在。

时间的存在，存在的时间，这就是时间的本质（这个时间和存在都不是一般经验上的时间和存在）。在这个时间与存在之间有一个环节：Dasein——there－being（定在、此在、缘在、该在）。人从存在论来讲就是Dasein，它在"Sein"的层次，而不仅仅为"存在者"。人不仅仅为诸存在者中的一种存在者，不仅仅是万物之中的一物。人之为人，人的本质当进入"Sein"。当然，并不是人人都能马上到这个程度。比如，一个人作为父亲、儿子、老师等等，都是他在血缘或社会上的标志，尚不是Dasein的意义。Dasein是有时空限制的。人作为有限的Dasein明显地有时间性，也就是"有死的"。所谓"人是有死的"，在古希腊就有了这种观念——相对于神的不死，"有死的"是人的代号——但没有进一步的发挥。现在时间问题介入存在论，"有死的"这个问题就提出来了。这是现代哲学研究的问题。

死就是终结、完成、了结，但海德格尔认为只有人是会死的，动物不会。所谓"人会死"，说的是人有能力去死，能够去死。动物"不会，没有能力""死"。动物没有所谓的死前死后，它的死是瞬间的一刻,而人的死是一个过程,有时间性,有时限。这就是海德格尔所说的 Dasein 的时限性。康德的作为直观形式的时间是无限的,是为一个无限的因果序列作条件的,时间本身不在他的理论知识中,可直观的只是时间的形式。而海德格尔的时间是有限的,也就意味着是有间歇的。间歇就意味着"限界",如果一定要作一条"线"来理解的话,也就会有"临界点",于是通常认为这个"点"就是死。康德的形式时间不存在,而海德格尔的时间是实际时间、时间的存在、存在的时间,有始有终,有生有死。

Dasein 是一个有限的时间存在,实际上就是由生到死、从有到无的全过程。Dasein 最能显示什么是"有",什么是"无"。"有"这样一个"无","无"也是"有"。但这不是虚无主义,海德格尔实际上是抵制虚无主义的。"有"是一个过程,"无"也是一个过程,由死向生、由生向死都是一个过程。所以,存在是一个实实在在的过程,不是一个想象的、无限绵延的过程,过去、现在、未来都在这个过程中。

第十四讲　海德格尔与古典哲学

我们现在要看看海德格尔的问题是如何从古典哲学的思路里出来的。

康德断定物自体不可知，不能成为科学体系，不能形成经验的科学对象，像"无"也不是经验科学的对象。表面上的"空"，似乎马上就有某种"物质"填充进去，于是不会有"无"；在这个"充实"的现象界，并"无""物自体"的"空间"，也就是物自体不进入时空，没有直观。noumena是思想的产物，不是经验提供的，是追问得来的，是本体、思想体。"思想体""不存在"——"无"，思想体不能进入直观，所以也成不了经验科学的对象。

康德以后的人都在想办法让这个本体（思想体）显现，康德以后的哲学就是围绕这个进行的。哲学就是要这样追求本体，"探本寻源"；否则，哲学的工作只能如康德所说的那样是批判和厘定了。哲学认知物自体的愿望从没有消失，后人总想让noumena进入时空，但康德言之凿凿，他的问题不能绕开。"思想体"不在因果关系之中，"思想体"为"自由体"，它可思而不可知。现在的问题是，要将"事物自身"从"可思"走向"可知"。

黑格尔已经让noumena显现了（《精神现象学》），要在逻辑学、知识论中作为有内容的理念出现,而不再是纯形式了。同样,胡塞尔的现象学系统也就是要让 noumena 显现出来。海德格尔认为黑格尔的 noumena 虽然有内容,但仍是理念,因而仍是"超时空"的,而他要让 noumena 成为"在",变成实在的东西,就要让它进入时空,由"理念"转化为"实在";但"(存)在"不同于经验的存在者——经验上可以认知的诸存在者,如桌椅板凳、日月山川。随着人类社会的发展,经验的存在者会不断出现,都是可以成为研究对象的,但海德格尔要绕开这个层面。他要的不是经验对象,而是比之更原始、更真实的存在。他要的也不是理念,而是实在的存在,在"存在论"层面上的思维—存在同一性。黑格尔的同一在理念论上,而海德格尔的同一在存在论上。

感觉经验拿不出 noumena,这不是因为其不存在,而是因为它的这个"在"还没有完成。它是一个过程、一个时间,而不是万物中的一个物品。那么过程在吗?过程是实实在在的,但这个很难懂,因为它还没完成就要去理解和思考它。过程不像我们经验的存在物那样,比如桌子,可以是个完成品。过程没有完成品,它是永远在进行的,不作为诸存在者之一而出现。

过程也有完成,它的完成就是"无"。从"有完成"转变到"无",这是人类哲学思路推进的表现。海德格尔不是将完成作为化石,而是将其化解掉。完成了,就成为"无"。"无"也是存在,从"有"到"无"的过程存在。noumena 就是以这种样子出现的。那么,让它出现有什么条件呢?noumena 是个思想体。思想体需要一个思想者,有了思者才有可思的东西,才会提出所谓本体、本质的问题。世上出现思者才出现存在的问题——完成就是"无",永远只是一个过程。being 永远是一种可能性而非现实性,一旦到了现实中就是无了。思者首先想到这个问题——"无"的过程的完成，所以存在问题先于诸存在者问题。海德格尔实际上接过了莱布尼茨曾提出的"世界为什么是有而不是无"的哲学问题。这是形而上学的基本问题，海德格尔认为它引起了人们的危机感、紧迫感。

Sein 的可能性为什么是 noumena？就因为在可能性没有变成现实性以前，没有成为"无"以前，我们已经看到了它的完成。为什么会这样？因为世界上有了思者。那么，思者又是什么？

在《存在与时间》中，海德格尔分析思者在存在论上是什么结构，由此提出了 Dasein。以前的观点一般认为思者就是人的存在（从胡塞尔的意义上说就是这样），但海德格尔可能认为这样理解容易将其认做诸存在者之一。人是有经验性的一面，但 Dasein 要高于此。da 有有限、显现、限定等意思，有时间性，是具体实在但非经验的。那么思者——Dasein 到底有何特征？

思者不等于会思想的动物。思者就是思者，它最根本的一个特征就是死，是要死、会死的。这里的死不是在医学、日常生活的意义上所理解的死，而要从本体论上去理解它的特点。死是不可知的，是不能成为经验对象的。死就是不知道了，而活就是还没有死。也就是说，当你完成的时候你已经不可能知道了，你不可能自己经历自己的死。一旦你经历了，你就完成了，也就不能再思考了。但我们仍会思考这个死。别人的死你只能将其作为经验对象来思考，这不证明你知道它。你对死所想所知的一切还停留在科学范围内，只能用概念、判断、推理来研究。而哲学认为这样是不够的，要超越这一层次，要实实在在地思考、体会、把握死。如何做到这一点呢？这就有赖于 Dasein。

Dasein 较之 Sein 有一个特点，就是提前、超前，就是说提前进入死——仍活着,但已经开始思考完成和终结。一旦完成显现就不可知了,所以要提前。这样,Dasein实际上就是趋向死亡的存在,就是提前让无限、"全"出现,完成自己。这样,"我自己"、物自体等就都出现了,不用"等待"了。这就是思想的特点:只有提前,只有思想才能让物自体出现。思想不是一个从感觉印象到思维推理的上升过程,而是要让Sein出现。这就是哲学上思维与存在的同一性命题。思与在是同一的,以前同一于理念,现在同一于存在。思就是将noumena带到面前,使其成为phenomena。Dasein不是像某一个概念,而是像一个"全"。在未完成时想到完成,在未完成时让可能性成为存在,这个过程也是存在的过程。若只承认现实性,就会像黑格尔那样将"大全"作为理念带回来。过去的哲学都侧重于现实性,而海德格尔更重视可能性,认为可能性也是"在"。

从哲学理路上看,Sein是由动词(sein是德语中的系词,相当于英语中的be,也根据不同人称、时态有不同的变形)变来的,所以它虽然作为名词,但仍保持着动词的特性——是一种动态、一个过程、一种可能性。不仅仅是"Sein",根据这种对"Sein"的理解,动态贯穿所有的哲学概念和范畴。事物也要同样动态地理解,是自己开显自己。Dasein也是自己开显自己。

海德格尔认为现代人受现代科技发展的影响,"诸神退位"(尼采语,神在这里应理解为神圣性),人都规范化、格式化了。在康德的科学性思想中,没有物自体的地位,即没有历史,没有过程,没有神圣的信息,人都是忙碌于声色货利,要征服大地、征服自然,要控制—统治的"自由",而少顾及神圣的自由。

Sein是可能性的存在。Dasein召唤noumena显现。Sein在历史意义上理解就是指历史性的命运,这是超出经验的人的力量的。历史性的命运如果被忘掉,人陷于声色货利,就是忘掉了 Sein,忘掉了自己的命运,忘记了自己的可能性,也忘记了自己的"神圣性",放弃了自己的真正的"自由"。这是一个实实在在的生活的问题,而不是一个纯哲学理论的问题。

Dasein(思者)不是指职业,也不是通常意义上的思想家。Dasein 首先是要呼唤思想体、本体的出现,其次则是"说"——语言。这个"说"不是日常生活意义上的人的"说",而是指诗人说。正如每个人都有思想,但并不是每个人都是思者一样。诗人说 Being、说命运、说历史,所以"说"不是日常语言中的交流、命令的含义,而是话在自己说,语言在自己说。思者是哲学家(哲人),与诗人在同一层次。所以海德格尔有两句著名的话:"人,诗意地栖居在大地上";"语言是存在的家。"思存在,说存在,悠悠之思,品万物而吟,想来当离海德格尔的哲思不远了。

跋

从1952年进北大哲学系算起,我学哲学已有五十多年,时间不谓不长,应能说出这门学问的一二三了,但是我好像还是不能够清楚地说出个ABC来,固是自愧不敏,也常以这门学问的特殊性来聊以自慰。

"哲学"好像只能作一个"导论"或者"绪言",历史上有些大哲学家的创始性著作,都叫"导论—绪言",但却不见下文;而且这种"导论"、"绪言",今天做和昨天做居然会不相同的,每次做,似乎都要从头开始。倒不是前人或以前的事都白做了,而是不管前人做了多少事情,或者自己以前做了多少事情,再做的时候,还是要从头做起。

北大两学期的课已经过去好几年了,讲稿的校样也看过几遍了,如今要写一个"绪言"之类的,并不是讲课内容的小结,而是又要从头说起了,所以"绪言"也是"补充"或者叫"改写"。

"补充"、"改写"也就是把过去想过的问题"重新""再""想"一遍,或者以后有机会还要一遍一遍地"想"下去。

关于"哲学",近来我首先想到的是"理性"问题。"哲学"是"理性"的。

"理性"是"思想",是"精神"。在古代希腊,有"nous—理智"和"psyche—生命","nous"是心智的,而"psyche"则是实践的,二者合起来可能就是那个"实践的智慧—phronis"。古代希腊哲学似乎更加倾向于心智型的智慧,所以哲学叫做"爱智",到黑格尔,他致力于"促使哲学接近于科学的形式",他说:"哲学如果达到了这个目标,就能不再叫做对知识的爱,而就是真实的知识。"黑格尔的"理性"固然也是心智型的,但却蕴含了"精神"之能动性,而不限于静观,所以他说是"真实"的知识,是关于"真实"的知识,是"真知识",而不是片面的、抽象的知识。他的"理性"和"精神"同一,"思想"和"存在—真实—真"同一。

"理性"为"思想","思想"与"逻辑"不可分,古代希腊早期有"罗格斯",后来有"逻辑学","哲学"与"逻辑"向来有不解之缘;中文的"理性"占一个"理"字——"理"者"纹—理",这个词不仅是心智性的,也是客观实在性的,原本有"理在事中"的意思,至于宋儒提出"理在事先",但也没有走纯粹形式的"逻辑"的路子,从而存留了"理"与"事"的本源性关系,很值得我们重视。因为西方哲学发展的历史经验,到康德已经感到纯粹形式的"逻辑"已经走入死胡同,而要以改造逻辑学为己任,这项改造工程,到黑格尔可谓大成。按照黑格尔的说法,"理"与"事"又具有了"同一性"。在这个意义下,"哲学"不仅仅是"理(则)学—逻辑学",也不仅仅是"事(物)学—物(理)学"。

哲学研究的问题是:"思想"如何"进入"原本就有"纹—理"的"事物";或者反过来,"事物"如何"开显"出它原本就有的"纹—理"来。

"思想"不是"事物"。"事物"为"有","思想"为"无";"思想"不是"存在者",但"思想""存在"。"哲学"研究"思想"与"事物"的关系,研究"思维"与"存在"的关系,研究"有""无"之"变"。"变"不是仅仅指感觉上的变化,譬如沧海桑田,乃是"有"的形态之变;哲学要问"有""无"——"存在""非(不)存在"之变。

古代希腊的传统重在"有中生有",不承认绝对的"无"。列维纳斯说,西方哲学"无"的观念不够确切,中国自古"无"的观念就很强,就有"无中生有"的"创生"思想,当然,这种观念和基督教的"创世说"不同,是对"自然"体悟出来的万物"生灭"的思路。

绝对的"无"的观念是基督教传给西方的。为了这个"无"的挑战,西方哲学推进了自己的希腊传统,也是到了黑格尔,算是在与基督教的磨合上暂时划上了句号。

基督教"无中生有"的创世说,遇到很多麻烦,因为世间万物自行变化运转,乃是"常识",基督教的观念首先要改变常识的方向,寻求更高的理路,才能使人信服。基督教神学家在这方面下了很大的力气,但真正理路上的工作仍需借助哲学的力量。努力摆脱独断,向哲学求证,是基督教说服信众的出路。

"无中生有"就理路来说,意味着"思想""产生""存在",不过在初期,"存在"和"存在者"并未做理路上的分析。"神""说"了什么什么,就"有"了什么什么。"无""生"出了"有"。这里的"生"带有"直接性",不需要"过程",因而也不需要通常意义上的"时间",神"创世"原则上不需要"材料",不需要劳作,神什么也不"需要",什么也不"缺乏"。神"说"了,就"必定""有","从无到有",不容"怀疑"——"怀疑"是希腊人的传统,科学的传统,而宗教则"无疑—不疑",坚定不移是"信心"的特点。

科学当然也有"坚定不移"的时候,但那一方面是"形式"的——只在"形式"推理方面有"信心",而另一方面,即使在形式方面,信心也是一个时期的,"形式科学—数学和逻辑",也有改变的时候,只是较为慢一点儿而已。

宗教则保持了"无"必"生""有"的"信心",从理路上来说,竟是保持着对"无"的"信心"。"信"神的"话","信"《圣经》,是基督教最为核心的力量。"信心"在于那些"话""必""验(证)"。

"有中生有"的这种"生",当有"偶然性"在,"世间"万物"实际性—实质性"的进程充满了"偶然性",不是"形式的推论—推算"所能掌握的;而"无中生有"则是纯粹的"必然性",在"神"的"眼睛"——如果神有的话,一切人间的"偶然"皆是"必然",也就是说,只有神,才能进行"实质性"的"推算"。

这是基督教的"神创说"。

我们哲学固然也重视基督教神学提出的"创世"观念,对于"无中生有"有自己学理上的理解,康德从"意志自由"方面阐述了理性如何"创造"一个"道德的世界","意志"无需任何感觉材料,就能"开创"一个"道德的世界",尽管这项工作,康德则重在论证"意志"如何在理性上是"自由"的,而其"创世"的大业留给了尼采去"完成"。尼采讲被基督教歪曲了的"创造"工作,收回到"人"的身上。尼采理解的"人",个个都应精神抖擞地"开创"自己的"世界",个个都很"神";只是世间"庸人"多多,所以他寄希望于"超人","超人"不是"神",而是有能力不断"超越""自己"从而"恢复"(自己的)自由"的"那种""人"。

"自由"不仅仅是"摆脱"的消极的意思,而且是"创造"的积极的意思,康德做了前面这项工作,尼采则完成了后面的工作。"自由"的这两层意义,直到现在,也还是一个论题。只是由于叔本华与黑格尔的对立,才使尼采和康德对于"自由"和"理性"的关系采取了不同的立场。叔本华固然认为"意志"超越一般"理智—知性",超越"因果—根据律",但否认黑格尔的"绝对精神"有最高和永久的地位,他把"理念"只理解为对"意志"的暂时的"解脱"。尼采沿着这条路推进,遂使他的"意志自由",也同样被怀疑为"非理性"的。

就我们的论题来说,康德和尼采在"意志自由"方面的工作之所以有"消极"和"积极"的区别,乃在于尼采的工作重在阐述"无中生有",而康德的重点则在阐述"有中生无"。

我们看到,如果我们不把"人"看作"超人"——在世俗意义上的"神",而是老老实实看作"有限的理智者",这样,康德的工作对我们"凡人"来说,似乎就更重要些。这就是说,我们思考的重点,仍要以"从有到无"为基础;其实尼采的"自由创造",要永久保持下去,实现他的"永恒轮回",就仍应该回到"从有到无"来,只有回到"无",才有能力"继续""创造",而不被"有"所"窒息"。所以,即使按尼采的理路,也不应忽略"从有到无"这层意思。"人"作为"人",正是"在""有—无""轮回"之变中生存发展。

"从有到无"和"从无到有"相结合、相同一,也就是"非存在与存在"的同一,就"思想"本为"非存在—无"来说,也就是"思维(思想—理性—意识—精神)与存在"的同一。

对于"凡人"来说,"从有到无"是一个基础性问题。"人"作为"人"的第一步的工作,当是使"自己"成为"自由"之"身"。这里的"身",不仅仅是指"肉体"的存在者,不仅仅是"万物"中之一"物"。"身"或许可以理解为"身份",也就是儒家所谓的"位",只是儒家讲"位"是"社会—伦理"的,而所谓"自由"之"身",乃是"自由"之"位",乃是"无""位",乃是"虚""位","位"是"人""自己""创造"出来的。

然则,"世间"原本已经"有""位","人"之"自由"首先要从各种既定的"位"中"解脱—摆脱"出来,才有能力成为"自由之身"。

扩大开来说,人作为"有限的理智者"首先要"摆脱"一切感觉感性的"束缚",才有能力"成为""自由之身",这正是康德在《实践理性批判》里所努力阐述的道理。"人"没有这一步筑基的功夫,就进入不到"自由"的领域,而只能是"机械""必然性大箍"中的一个环节,只是诸"存在者"之一,"万物"中之一"物"。

康德还指出,"自由"并非"放纵",不是"为所欲为","放纵"恰恰是"放纵"了"感性欲求";"自由"是"理性"的,只有有"理性"者,才"有能力""获得""自由"。"从有到无"并不是单纯的消极性,而同样要有一种"能力",要有"理智—理性"的能力,要有"(自我)意识"的能力,要有"思想—思维"的能力,此种能力越强,自由度也就越高。

只有"从有到无",才能(有能力)进而"从无到有"。换句话说,也只有有能力"意识"到"非存在",才能进而"开创""存在"。有能力去"理解—把握—认识""有"与"无"、"存在"与"非存在"之间的"辩证"关系,才是"人"作为特殊的"存在者"—海德格尔的"Dasein"的本质。"人为万物之灵",这个"灵",这个"Da",正是"非存在",是"无",也就是"思—意识—精神—理性"。

从存在论(ontology)角度来看,"从有到无"和"从无到有"原本不可分,原是"同一""过程"的不同名称。"无"并非一个"空名","非存在"并非只是"存在"的"否定";"非存在"也"存在",世间原本"有"一个"无"。世间的"无",是人作为有限的理智者带给世界的,是人给世界"添加"的东西,所以萨特说,"人"给世界增加了"无"。

从这个角度看,也许笛卡儿那句名言"我思故我在"可以有多方面的意义。

笛卡儿这句话原是针对感觉之变幻,强调只有"思想"才是可靠的,只有"思""证明""存在";从存在论看,"我在"这里的"在",不是"存在者",而是"存在",是"自由"的"存在",是"无"的"存在"。于是,这句话的意思可以理解为,只有"思"有能力"证明"我的"自由"的"存在",或者"自由"的"我"的"存在"。这就是说,"思—理性—意识—精神""有能力""使""我"成为"自由之身","使""我"成为"我"。

婴儿牙牙学语,常以父母教给它的"名字"自指,说"宝宝要"等等,"我"的意识开显得比较晚一点儿。"我"的开显,意味着"我"与众不同,"我"从"众—它"中"跳"了出来,如同基尔克特所谓的"existence";然则这个"跳出来"的"我",乃是"灵",乃是"无",我们并不可以合法地问一个婴儿是"什么人",因为它尚"什么"也不是,它是"无",它的"位(什么)"是"虚"的。它会是"什么",要取决于它"做""什么",而它"做""什么"的"选择",则本质上—根本上说,乃是"自由"的,也许世间并无一人能够真正地做自由的"选择",但仍然不能否定它原本是"自由"的。是故,笛卡儿这句话的意思就意味着:"我思"才有"我","我思故我在"的重点不在"在",而在"我"。

然则,"思"并非"有","思"为"非存在",在此意义上,"我""思"不仅不能"证明""我""在",而且恰恰相反,"证明"了"我"之"非存在"。这样,我们又把康德的意思推进了一步,他只是批评笛卡儿不该用"思"去"证明""在",而我们这里则要揭示一个相反的命题:"我思故我不在","我思故我无—我思故无我"。

"无我—我无"并非"肉体上"不是一物,不是一个"在者",而是说,这个"我"乃是"空集",它"虚位以待","等待着"一个"完成了"

的"我",等待着我的"行为",以"我"的"历史"去"充实"这个"我","我""是""什么",要待"完成"以后才能"实在"起来。"我"这个"自由者"要"进入""世界",进入那个法制森严的"必然性""大箍"中,经受磨练,经过艰苦的劳动,才能"完善—完成","我"这个"自由者"才能不仅是个"空名—空集",而是有内容的现实的、真实的"自由"。

"我"这一现实化的过程,是"从无到有"的过程,但就活生生的人来说,同时也是一个"从有到无"的过程;"从无到有"和"从有到无"的统一,乃是"立功—立言—立德"和"功成身退"这二者的统一,在这个意义上也可谓"儒""道"互补,是一种形而上学的"有—无"的辩证关系,而其中的关键和基础,尚在于"从有到无"这个环节。

"从有到无"乃是"我思"的一种自觉,"我"意识到"我思","我"认识到"我思",则"我"就意识到、认识到"我"之"无",意识到、认识到"我""是""自由"的,"我"的"自由"确证为"真"的,"存在"的,"我""有""无","我""有""自由"。世间"有"一个"无""存在"。"我""自由",故"我""创造","我""开创""我"的"世界","我""从无到有"。

"我思"的意识,乃是"我"的"觉醒","意识到""我思",就是"意识到""我无—无我—我自由",于是"意识到""无",乃是"自我意识"的最核心的意义所在。

"自我意识"不是"自我感觉"。"自我感觉"常常"良好—淘淘",也常常"不好—戚戚";"自我意识"则是"思",是"理性",为"自由"。"理性"的"思"的境界,"无忧无虑","无货利"之"烦心","无管弦"之"乱耳","无五色"之"炫目",似乎是"清净无为",然则"静"

极"思""动"。而且"理性—意志—自由"之"动",不像那感性世界的"动",那些感性功利之动,相比理性自由之动,乃是些"小动作",理性自由之动,则是"大动","理性"不动则已,一动惊人,可谓"惊天地,泣鬼神",因为"理性—自由"虽为"无",却有"大能","有能力""改天换地","创造"一个"新天地"。"创造""新天地"的"动",比起那"声色货利"的蝇营狗苟的"小动作",当是"大动"。

于是,从这个意义来看,"无"之"存在—有",乃是"大存在—大有";作为"自由者"之"我",乃是"大我",此所以费希特之谓也。于是,我们也可以说,"无"竟然是一个"大存在",用海德格尔的话说,它不是"诸存在者"之一,而是"存在"。

"大存在"为"无"。"无""属于""存在",而不"属于""存在者",盖因对"存在者"言,只有一物对另一物之"否定",譬如"马""非驴"也,"驴"亦"非马"也;至于"非驴非马",当也为一物,故此处之"否定",并非本体论—存在论意义的"无"。本体论—存在论意义的"无",乃是"绝对"之"无",并无"另一物"与其"相对"。此种"无",乃是对那经验感性世界的"否定"之"否定","否定"之"否定"是为"肯定",于是本体论—存在论意义的"无",乃是"肯定",它属于"(大)存在"、"(大)有"。

"无""否定"感觉经验中之"否定",进入本体论—存在论,故"从有到无"乃是"理性—自由"之第一步筑基的"功夫",这样我们才能在本体论—存在论上谈到"使之""存在","使存在"。而我们知道,海德格尔的"存在",应理解为"动态"的"使(让—令)存在"、"存在之",海德格尔从"存在"这个词的词源上,论之甚详。

"使存在"亦即"使自由",亦即"使无",亦即"从有到无"。

"自由—无""进入""世界—有",乃是一个"过程",这个"过程"

"有始有终",当"过程""终结"时,"过程""完了","过程""没有—无有"了。然则,"过程"以"历史—时间"的形态"存在",而这个以"无"的"存在",却比那"过眼烟云"的感性经验"存在者"更为"长久",更为"顽强",于是"无"作为"大有",寿于、强于"小有—诸存在者"。"无"作为"大有",作为"存在",正是那伽德默所谓的"有效应的历史"。

于是,"存在"为"存在之",在同一层次上,"无"亦为"无之",亦即"从有到无"。由此,"使之无"也就成了最为重要的事情,因为它正是那个"存在—有"的真实意义,"守住"那个"无",才有能力使那个"有—存在""动"起来。此非道家所谓"功成身退"之意耶?

道家常以"赤子—婴孩"来比喻人之"无"的意识,以此强调人的自由意识之重要性。

"从有到无"意味着不仅婴儿的"我"为"虚"、为"无",人人的"我",都"该"是"虚"、是"无",人人都要增强自身的"自由意识",人人都要"理性地"对待"自己"。

婴孩的"虚—无",作为一个"人"尚未"完成",尚"不存在",但此并非婴孩的"自我意识",而是"他者—他人"对它的理解,而"他人—他者"只有在"理性"成熟之后,有了"自我意识—自由意识"之后才产生的对"他者"—婴孩的意识,如道家老子、庄子都已具备很高的智慧;就婴孩本身来说,它的"自我意识—自由意识"尚未形成,它自身生活在感性世界之中,理性处于萌芽状态,婴孩意识恰恰是"有"的意识。

婴孩"已经""有"了一个世界,犹如"动物"也有自己的世界一样;只有"理性"开展和成熟,婴儿长大成"人",他才有能力从原有的世界"剥离—ex-"出来,有了"理性",有了"自我—我—自己"的

"自由","理性"告诉他,他原本"一无所有",所谓"赤条条来去无牵挂"。

孔子说,"三十而立",何谓"立"?"立身"、"处世",要"进入"这个感觉经验的世界,去开创自己的"生活"、自己的"天地",去"征服世界","创天下",要"白手起家"。

二三十岁的年轻人"初出茅庐",很少"一帆风顺",有时甚至"处处碰壁",渐渐地,经过艰苦奋斗,种种"机缘汇合",不断扩大自己的事业,在社会上或许成了"成功人士";此时这位人士如何对待自己,如何对待社会,仍会成为一个"问题",这个问题,甚至犹如刚刚"涉世"时同样的"大",甚至更加尖锐,仍是一个尖锐的"大问题"。何谓"大问题"?所谓"大问题"当是"生死存亡"的问题,即"存在—非(不)存在"的问题。"成功人士"仍然面对着"to be, or not to be"(生死存亡)问题,此话并非危言耸听。

一个人以自己的努力奋斗和各种机缘的合作,在一个"机会均等"的社会,要在不同层次上成为"成功人士",可能并非难事。一个开放和良好的社会,将会尽量给各种人士"分配"种种"成功"的机会,但"成功—或自己感到成功"以后又复何如?

当其始也,"人"以"自由"之身"入世—涉世",此时之"自由",保持着它的"空集"的特性,"无"任何感觉经验之"内容",无牵无挂,无名无位,它的"自我""尚待""充实","等到""功成名就"之后,"自我"就有了"内容",在这个感性的大千世界,"我"经过种种磨难斗争,"自由"与"必然"达到了"统一",此时能否"保持"这个"自由",就成了问题。

保持"空集—空洞"的"自由"并不难,"初生之犊不怕虎","无知者无畏",难就难在"功成名就"之后仍能保持自身"自由",难就难在"有知有识"之后,仍"不怕虎—无畏"。在"积累"了众多的"经验"之后,在"必然"的世界,仍然保持"自由",仍然看到在那由"必然性""支配"的经验世界中,仍然充满"偶然",仍有种种机会,保持"意志自由",就是要意识到"机会""永恒轮回"。

如果在"涉世"之后,沉溺于"声色货利"之中,"随波逐流",或可"保持""名位"、"利益",但"遗忘—丧失"了"自己—自由",到头来那些"名—利"原本不是"自己—自由",原本不是"我"。此时,"名—利"皆为"我—自己—自由"的"羁绊"。

中国道家教人"功成身退",儒家教人"善始善终",皆有大智慧在,我们现在或许要将它们阐释为在"必然世界"同样要"保持""自由"的意思:"功成身退"从"消极"方面言,而"善始善终"则从"积极"方面强调"自由"之"轮回"。"功成身退"和"善始善终"都是教导人不可"遗忘""自我—自由",不可忘掉这个"无",而"自由"是更大的"必然",正是"无""保存"了"有"。

"功成身退"其意甚明,其理昭昭,然则何谓"善始善终"?

尝谓哲学乃是"终始之学",其意似与哲学为"无限—无始无终之学"相左。

然则,我们说过,"自由—无—无限"在哲学的意义上也是"具体—现实"的,不是"抽象"的,"抽象的无限"与"存在—存在论"无涉,譬如黑格尔所谓的"恶的无限",的确是不可能"显现",不能进入经验世界的一种观念;"真正的—现实的""无限",乃是"(存)在""有限"中的"无限","真正"的"自由",乃是"(存)在""必然"中的"自由"——在这个意义上,"自由"也有"限制","无"也"存在"。这样,"自由—无限—无"也"有始有终","无限之学"与"终始之学"、"有无之学"、"存在(与非存在)之学"、"生死之学"为"一",为同一的学问。

然则,又何谓"善始善终"? 当我们"悬搁"起"善"的世俗经验性意思,而取其理性超越意义时,则"始"于"自由",谓之"善始","终"于"自由"谓之"善终"。按康德说,有"自由",才有"善",故曰"始于自由—终于自由"乃是"善始善终"。

"无始无终"乃是经验之"存在者","有始有终"乃是"存在论""存在"之"变异",乃是人间"生—死"之"同一过程"。于是,"无始有终"和"有始无终"在哲学上皆不能成立,凡有终者必有始,有始者必有终,世间一切"有限者"必有"终结"。

实际上,"善始善终"乃是"有始有终"的强调形式,其基本含义为一。"有始有终"就意味着"善始善终",故而"有始无终"则并非褒词。"自由"进入"必然",消散—遗忘于声色货利的大千世界之中,不能保持"自己",是为"有始无终"——初始的"自由",不复"存在","没有了"。"有始有终"说的是"始"也"自由","终"也"自由"。

"终"自是"完成"、"结束"之意,但既曰"有终",则"终"也"有",惟其"有终","终"亦为"有","终"并非"消亡—湮灭"。惟其能—有能力"进",方能—有能力"创造";惟其能—有能力"退",方能—有能力"守—保持""自身—自由";而惟其能—有能力"退",方能—有能力"进"。惟"自由者"能—有能力"创造"。

于是,在这个意义上,"终"、"始"为"一","有始"必"有终","有终"亦必(复—又)"有始"。"始"为了"终","终"又是为了"始",故曰"更始—复始",能—有能力"更始—复始"者,是为"善终"。"善始善终—有始有终"正是《易传·系辞》所谓"原始反终"。

此处"原始"的"原"或可理解为"源","原始"乃是"源于""始"的意思,当能说通;然则何谓"反终"? 此处"反",或谓"返"也,则

"反终"乃"返回""终"的意思。我们常说"回到源头",又何来"回到终点"之说?联系到此处上文提到四时交替,日月循环之意,"原始反终"意味着"终"、"始"为"一"。终—始以"过程"言,为"同一"个"过程","始"之"过程",也是"终"之"过程",犹如"生—死"为"同一过程"意思一样;即以"点"言之,"终点"和"始点"也是"同一个""点"——一种意义上为"开始",另一种意义上则为"终结";反之亦然。故同一事物,说它是"始点"也好,说它"终点"也好,"反正"为"同一""事物"。这里涉及的《周易·系辞传》"原始反终"尚可理解为:"原"乃"正",固有"正始"之说,则"反终"之"反",正是"正—反"之意,意味着"同一事物"的"正—反"两个方面,"正面"为"始","反面"为"终"。

此理证之以具体事物亦然。"事物"由"产生"到"完成",是由"始"至"终"的"过程",事物"完成",从某种意义说,也就"终结",然而"终结"并未"消亡",又从某种意义说,当正是"开始"。工厂里的产品,当其"制作""完成"之日,也正是"销售—使用""开始"之时。世上种种事物,常常是以"完成—终结"的形态"开始"的;即使是不再"使用"之物,被放进了"博物馆","反倒"是它的"历史意义""张显"的"开始";甚至"人"也不例外。当"婴孩"长大"成人—完成为人"之后,也是他"进入社会"、"立功—立言—立德"的"开始"。

就我们现在所讨论的哲学意义来说,我们甚至可以说,一切"存在者"的"终结—完成",也正是"显现"它们作为"存在"的"意义"的"开始"。

在这个意义上,"终"并非"湮灭",而是道家所言"死而不亡"——也就是上面所讲的,"始"也"存在","终"也"存在";"有"也"存在","无"也"存在";"生"也"存在","死"也"存在"。

就感觉经验来看,一存在者的"终结",常向另一存在者转化,A物"变"为B物,则A物"不存在";但就存在论角度看事物,A物仍然"存在"——A物作为"存在者"言,已"不存在",而这个"不存在"中,恰恰"保存—存留"了A物之"存在"。A物之"存在—意义",就"住—驻留""在"对于A物之"记忆—吟诵—言说"等等"非存在"之形态中,"驻留"在"思想—意识"这些"非存在"之中;而此种"非存在—无"的"存在",大于、寿于感觉经验世界的"诸存在者"。A物虽"亡—无",而"A物曾经存在"这件"事"仍然"存在",仍然会"影响"着世间尚存的"诸存在者"。

"人"当然更是一个"死而不亡"的典型例证。"历史""封存"着"人"的"过去",而"历史""影响"着"人"的"现在"和"未来"。"人""死"不能"复生","死人"已"物"化,从"一物"转化为"另一物",然则"过去—过世"的"人"并不因为"死"而"湮灭",他的"完成—终结"又是"另一种形态"的"存在"的"开始"——作为"完成了的人—过世了的人"的"作用"的"开始"。"过世的人""长久"地"驻留—存在"于"历史—时间"之中。

于是,"善始善终""终—始"得其"善"者,就"能够—有能力""死而不亡—无而不灭—断而不绝"。"善始善终"者,得其"寿"。

"人"之"寿",不以个体为计算单位,也不以抽象的"群体"为计算单位。"人"之"寿",以"人""本身"为"度",即以"人"之"历史—时间""绵延"为"界限";或直截了当地说,以"人"之"存在"为"度"。

"人""本身"并非"人"之抽象概念,而是"人"之"存在","人"之"存在"大于、寿于、强于"人"作为"诸存在者"之一种。

然则,"人—自身"既非抽象概念,则亦非无时间—超时间之"永恒",只是因为"人"分"我—你—他","你"和"他"都大于、强于、

217

寿于"我"。

中文之"人",原本是指"他人","人"和"己"为对应的"他"与"我"。

"人"之所以"有能力""死而不亡",正是因为"我"虽"死",而仍有"他者""在";"他者"之所以能够"保存""我",在于"他者""能够—有能力""识得—理解""我"的虽已"过去"的"事业—劳作"之"意义"。"他者""有能力""识得""无"中之"有","死"中之"生","我"之"一生"并不因"我"作为存在者之"死"而"(湮)灭"。

"我"之"(非)不存在—无"之所以尚有"存在"之"意义",乃在于"有""他者""(存)在"。

既然"他者"并非"孤儿",而是强于、大于、寿于"我",则"我"将自觉地把"我—自己""托付"给"他者",寄希望于"他者","希望——康德问题:人能够希望什么""他者""能够—有能力""在""我"之"无—死"中"见出""有—存在—意义"来。

然则,"我"固然"希望—欲望—请求""他者""保护—保留""我"的"存在—意义",但既然"他者"大于、强于、寿于"我",则"决定权—解释权"当在"他者"手里,"他者"如何"解释—理解""我"的"存在—意义","我"以"我"的"业绩"只有"部分"的"发言权","他者"眼中"我""是""什么"的"什么",毕竟要由"他者"来"决定"。诸"自由者"之间,"他者"为"决定者"。"他者"的"识别—理解""能力",受"他者""自身"的"存在方式—历史""决定","他者"作为"人"不是抽象的,而是"Dasein",是受那个"Da""规定"的。"实质性—现实性"的"自由者"仍是"有界限"的。

于是,培养出"有能力""识得—理解""我"的"意义"的"下一个来者—他者",常常是"我"的一项"任务"。在这个意义上,的确是

"我"对"过去(的意义)"负责,"我"也对"未来(的意义)"负责。然则,既然"我"把"我"的"存在"的"解释权""托付"给"他者",如何"理解""我"这份"遗嘱",则就是"他者"的"事情"。这大概又是当今法国"后现代"诸公所强调的一个思路。

然则无论功过、是非,"我"仍然有一种"信念—信心":只要"有""人—他人""在","我"就不会"(湮)灭"。"我""在""我"的"不存在"中,在"我"的"无"中"有""我"。

于是"他者"问题,并不"超越—取消""存在论"。

叶秀山
2006 年 5 月 25 日　北京

图书在版编目（CIP）数据

哲学要义 / 叶秀山著 . ——北京：北京联合出版公司，2015.6（2018.4 重印）
ISBN 978-7-5502-5123-6
Ⅰ . ①哲… Ⅱ . ①叶… Ⅲ . ①哲学理论 Ⅳ . ① B0
中国版本图书馆 CIP 数据核字（2015）第 082549 号

Simplified Chinese edition
Copyright © 2015 POST WAVE PUBLISHING CONSULTING（Beijing）Co., Ltd.
本书中文简体版权归属于后浪出版咨询(北京)有限责任公司

哲学要义

著　　者：叶秀山
选题策划：后浪出版公司
出版统筹：吴兴元
特约编辑：陆　炎
责任编辑：刘　凯
封面设计：周伟伟
营销推广：ONEBOOK
装帧制造：墨白空间

北京联合出版公司出版
（北京市西城区德外大街 83 号楼 9 层　100088）
北京京都六环印刷厂印刷　新华书店经销
字数 140 千字　690×960 毫米　1/16　14 印张　插页 3
2015 年 9 月第 1 版　2018 年 4 月第 2 次印刷
ISBN 978-7-5502-5123-6
定价：39.80 元

后浪出版咨询(北京)有限责任公司 常年法律顾问：北京大成律师事务所　周天晖 copyright@hinabook.com
未经许可，不得以任何方式复制或抄袭本书部分或全部内容
版权所有，侵权必究
本书若有质量问题，请与本公司图书销售中心联系调换。电话：010-64010019

韦洛克拉丁语教程（插图修订第 7 版）

张卜天 译　（奥）雷立柏 推荐
ISBN：978-7-5062-9310-5
定　价：118.00 元　2017 年 4 月出版

为什么要学习拉丁语？

★拉丁语是了解欧洲文化的"大门"。在所有古典语言中，希腊语和拉丁语对西方的语言、文学、历史、宗教、哲学、科学产生了最为深远的影响。语言是文化的载体，要想真正深入理解一种文化，就必须学习它的语言。

★在一个国家，古典语言是否受到足够的重视，是其综合实力的重要标志。随着我国综合国力的增强，像拉丁语和希腊语这样重要的古典语言越来越受人重视，必定是大势所趋。

思想的力量（第 9 版）

（美）布鲁克·诺埃尔·穆尔　肯尼思·布鲁德　著
ISBN：978-7-5502-9471-4
定　价：99.80 元　2017 年 3 月出版

★迄今为止覆盖面最全的哲学史读本

本书以丰富的细节清晰地展现强大的哲学思想如何影响人们真正的生活。作者写作风格生动迷人，让哲学变得通俗易懂；又没有过分简化材料，让读者在令人愉悦的阅读体验中完好地纵览西方所有的哲学理论流派。

通向哲学的后楼梯

（德）威廉·魏施德　著
ISBN：978-7-5139-1882-4
定　价：39.80 元　2018 年 4 月出版

★哲学家生平与思想的完美结合

从哲学家的生平轶事出发，作者用幽默有趣的方式介绍了 34 位哲学家的哲学思想。本书经由"后楼梯"，穿堂入室，呈现的不是正襟危坐的教科书知识，而是随性真实的伟大心灵。

伦理学与生活(第9版)

著者：(美)雅克·蒂洛 基思·克拉斯曼
译者：程立显 刘建 等　审阅者：周辅成
ISBN 978-7-5062-9302-0　定价：58.00元　2008年9月出版

比《沉思录》更系统　比《道德情操论》更现代

美国最权威、最受欢迎的伦理学教材。自1977年初版以来，三十余年历经八次修订。

译文上乘，名家推介。九十八岁高龄的现当代伦理学大师周辅成老先生审阅并亲笔作序。

贴近生活，为身陷道德困惑的人们指点迷津。 以培养正义感和健全的公民人格为夙愿，以追求真善美为最高价值。

西方哲学史(修订第8版)

著者：撒穆尔·E·斯通普夫　詹姆斯·菲泽
翻译策划：邓晓芒　译者：匡宏 邓晓芒 等
ISBN 978-7-5062-8710-4　定价：68.00元　2009年2月出版

拾阶而上　走近科学
一部宏大的史诗演义　一次认真的哲学探索

广泛流行于英语世界的哲学史入门教材。

修订第8版中，旧有版本中陈旧的元素被一一剔除，代之以最前沿最时新的学术观点。而本次译文在原中译本的基础上，进一步对词句加以润色推敲，使本书的表达如行云流水，可读性更强。

古希腊罗马哲学讲演录(赠课堂DVD)

著者：邓晓芒
ISBN 978-7-5062-8673-2　定价：22.80元　2007年5月出版

一部充满灵性而简明的古希腊罗马哲学史

一条显明的逻辑思路贯穿在各种哲学观点和流派中，使读者能够经受最初步的严格哲学思维的训练。

广大西方哲学爱好者和研究生备考人员不可多得的参考书。